한국 기독교 문화유산을 찾아서 ❻
광주 선교와 남도 영성 이야기

한국 기독교 문화유산을 찾아서 ❻
광주 선교와 남도 영성 이야기

이 덕 주

머리말

남도 교인들의 영성과 사랑, 그 깊이와 넓이를 찾아서

아무래도 문화는 여유의 산물이다. 먹고 살기 바쁜 사람에게 문화생활이란 '그림의 떡'일 뿐이다. 물질의 여유는 마음의 여유를 가져오고 그래서 시를 읊고, 음식을 해도 맛을 가미하고, 그림을 지어도 멋을 부릴 수 있게 된다. 그것은 기독교 역사를 보아도 그렇다. 교회가 가장 부유했던 시절, 중세기 유럽의 웅장한 고딕풍 성전과 수도원, 그리고 그곳에 소장된 화려한 성화와 장식품을 보고 있노라면 "인간의 창조 능력의 한계는 과연 어디까지인가?" 감동할 수밖에 없다. 그런데 이런 부와 여유의 산물로 남겨진 문화를 보면서도 감동을 받지만 박해시대 카다콤 교인들이 남긴 그림과 흔적에서도 깊은 감동을 받는 것도 사실이다. 오히려 이런 박해시대를 살면서 교인들이 남긴 문화 유적 앞에 설 때, 여유시대 문화에서 느낄 수 없는 감동을 깊고도 넓게 느낄 수 있는 것은 비록 죽음과 굶주림을 피할 수 없는 현실이지만, 그리스도를 향한 믿음 하나로 그 모든 위협과 고난을 극복하고 얻은 마음의 평안이 빚어낸 흔적이고 역사이기 때문일 것이다. 바른 믿음을 가지려 노력하는 이들이 물질과 환경의 여유보다 믿음과 마음의 여유에서 만들어진 문화와 그 유적을 즐겨 찾는 이유가 바로 여기 있다.

그런 면에서 전라도는 그런 믿음의 여유에서 나온 유적이 많이 남아 있는 곳이다. 우선 지리적 환경에서도 전라도 땅은 다른 경상도나 강원도에 비해 훨씬 풍요롭고 여유가 있는 곳이다. 바다와 강에 물이 풍부하고 너른 평야에 곡식도 잘 자라 다른 지역에 비해 살림살이가 그래도 넉넉한 곳이다. 그런데 그런 여유 있는 환경이 오히려 전라도 토박이들에겐 고난과 역경의 삶의 원인이 되었다. 그 풍요로운 물질을 탈취하고 수탈하려는 권력의 희생자가 된 것이다. 봉건적 조선시대엔 양반과 중앙정부에서 파견된 탐관오리 때문에, 그리고 일제시대엔 토지를 강탈한 일본인 지주와 총독부의 수탈정책 때문에 남도 땅은 빼앗기고 눌린 사람들의 눈물과 '한'(恨)이 멈출 날이 없었다. 특히 조선시대와 한말 정치적 유배지로 알려진 전라남도 땅을 답사하면서 이런 한과 아픔의 흔적들을 쉽게 만날 수 있었다.

같은 맥락에서 남도 땅에는 기독교 관련 역사 유적도 풍부하다. 그것은 다른 어느 지역보다 복음화율(福音化律)이 높아 교회도 많고 이곳에서 활동한 선교사들의 활동흔적도 많이 남아있기 때문이기도 하지만, 이런 양적 풍요보다 중요하게 질적으로 성숙한 믿음의 면면을 보여줄 수 있는 유적들이 많기 때문이다. 시련과 고난의 시대를 살면서 평범한 사람들이 따라 할 수 없는 높은 경지의 신덕(信德)을 이룬 선배 신앙인들이 살면서 기도하고, 사랑을 실천했던 사적지는 과연 '성지'(聖地) 칭호를 붙여주기에 손색이 없을 정도이다. 이미 앞서 출판한 『전주비빔밥과 성자 이야기』(2007년)에도 이런 '성자'(聖者) 이야기가 많이 실렸지만, 이번에 출판하는 전라남도 편에도 이세종과 이현필, 최흥종, 강순명, 정경옥, 손양원을 비롯하여 완덕(完德)의 경지에 이른 성자들의 신앙을 본받으려는 공동체가 지금까지 남아 있어 그 전통을 잇고 있다. 거기서 경건과 절제, 순명과 순결, 청빈과 사랑실천의 삶을 살았던 성인들의 이야기를 들으면서 나태하고 세속에 오염된 오늘의 나를 돌아보고 반성하는 것이 남도 답사의 목적이기도 하다.

이처럼 지리산 끝자락의 남도 땅 너른 들처럼 남도에는 볼거리와 들을거리가 풍성하다. 물론 먹을거리도 넉넉하다. 그래서 한결 여유 있는 답사가 가능하다. 그 결과 여기저기 구석구석 다니며 쓰다 보니 원고가 많이 늘어나 전라남도편을 한 권으로 묶지 않고 두 권으로 나누어 펴내기로 했다. 작년에 출판한 전라북도편까지 합치면 전라도편은 세 권이 되는 셈이다. 전라북도편이 전주를 중심으로 김제와 익산을 포함한 것이라면, 전라남도편은 광주와 목포를 중심으로 두 권으로 나누어 편집하기로 했다. 즉 광주와 화순 지역을 묶어 『광주 선교와 남도 영성 이야기』로 하였고 목포와 순천, 여수 지역을 묶어 『예수사랑을 실천한 목포 순천 이야기』로 하였다. 다른 지역도 그러했지만 특히 전라남도 유적지를 답사하면서 발견한 것은 복음에 대한 남도 교인들의 남다른 열정, 그것에서 비롯된 헌신적 선교와 희생적 순교의 역사, 그리고 예수를 믿되 참으로 믿어, 그 사랑의 깊은 곳까지 들어가 형성된 영성(靈性)과 그 실천은 외국 교회의 어느 성자나 순교자 이야기에 뒤지지 않는다는 것이다. 이런 역사와 흔적을 만들어낸 그 위대한 '사랑'에 그저

머리가 숙여질 뿐이다. 그런 사랑이 오늘 한국교회에 회복되기를 바라면서 나부터 '처음 사랑' 회복에 철저해야 되겠다는 각오를 다짐해 본다.

　이번에 전라남도편 두 권을 내면, 그동안(1996-2000년) 〈기독교사상〉에 연재했던 글은 모두 책으로 묶여지는 셈이다. 이후 계획은 경상도편과 강원도편, 그리고 서울 서부(서대문과 신촌, 양화진) 지역을 답사하여 소개하는 것이다. 여력이 있다면 일본이나 중국의 북경과 상해, 만주 등 해외에 남아 있는 한국교회사 관련 유적지도 답사하여 그 흔적을 정리해보고 싶다. 그리고 마지막 소원이 있다면, 그것은 북한 땅을 자유롭게 여행할 수 있을 때, 지금은 흔적도 남지 않았겠지만, 그래도 과거 찬란했던 선교 역사가 이루어졌던 평양과 원산, 개성과 선천, 해주와 의주 땅을 다니면서 교회가 있었던 자리, 선인들의 기도터를 찾아가 그 기운이라도 느껴보며 '잊어버린 북한교회사'를 회복하는 답사도 해보고 싶다. 이 모든 일을 할 수 있을 때까지 주님께서 내게 시간과 건강을 허락해 주시기만 기도할 뿐이다.

　사실, 이런 나의 꿈과 의지가 책을 계속 펴내야 하는 도서출판 진흥의 박경진 장로님께 엄청난 부담이 될 것은 잘 알고 있다. 잘

팔리지도 않는 책, 그래서 다른 출판사에서 시도했다가 포기한 책을 '문서선교 사명감' 하나로 이어 받아 이제 여섯 번째 권을 출판하게 되었으니 책이 나올 때마다 저자에게는 감격이지만 경영을 생각해야 하는 출판사 실무진에겐 무거운 부담이 되었을 것은 쉽게 미루어 짐작할 수 있다. 더구나 이번엔 두 권을 한꺼번에 내야 하니 그 부담도 곱절이 되었을 것이다. 그럼에도 불구하고 출판을 감행(?)해주신 박경진 장로님과 최석환 이사님, 그리고 편집 실무진에게 다시 한 번 감사의 뜻을 전한다. 그리고 내가 답사하지 못한 구석까지 찾아다니면서 귀한 장면을 담아낸 사진작가 임종선님께도 감사할 뿐이다.

2008년 9월
냉천골 감신대 만보재에서

차 례

머리말 – 남도 교인들의 영성과 사랑, 그 깊이와 넓이를 찾아서 / 4

12

광주의 '모교회', '장자교회' 논쟁 – 광주제일교회와 양림교회

남도 사람들의 '거시기' 문화 / 물길 따라 이루어진 광주 선교 / 광주 '모교회' 논쟁 / 양림동 '장자교회' 논쟁 / 뒷이야기

38

양관에서 듣는 '열세집' 노래 – 양림동 오웬기념각

양림동 양관 동네 / 양림동 오웬기념각 / 르네상스풍 건물의 공간 문화 / 오웬기념각의 〈열세 집〉 공연 / 끝나지 않은 공연 / 뒷이야기

60

무덤에서 듣는 이야기 – 양림동 선교사 묘역

선교 기념비와 윌슨 사택 / 양림동 선교사 묘지 동산 / 양림동의 처녀와 애기 무덤들 / 목포와 순천에서 이사 온 무덤들 / '애장터'의 깊은 한 / 뒷이야기

양림동 호랑가시나무 – 조아라와 수피아여학교
벨 기념 예배당과 수피아홀 / 수피아 백청단사건 / 생일 감사 헌금으로 지은 윈스보로홀 / 수피아 호랑가시나무 / 뒷이야기

84

무등산 자락의 성자 흔적 – 최흥종과 광주나병원
광주의 '선한 사마리아인' / 광주나병원의 최흥종 / 총독부 마당의 '나환자' 시위 / 증심사 골짜기 오방정 / 원효사 골짜기 복음당 / 단식으로 마친 생애 / 뒷이야기

108

호남 '영맥'의 뿌리를 찾아서 – 화순 이세종과 이현필의 동광원 흔적
동광원의 뿌리를 찾아서 / 도장리 '고멜'의 무덤 / 중촌 마을의 '참예수꾼' / 한새골 산막터 / 등광리 이세종 생가 / 천태산 유산각 / 뒷이야기

136

광주의 '모교회', '장자교회' 논쟁
– 광주제일교회와 양림교회 –

바른 믿음을 가지려 노력하는 이들이 물질과 환경의 여유보다 믿음과 마음의 여유에서 만들어진 문화와 그 유적을 즐겨 찾는 이유가 여기 있습니다. 그런 면에서 전라도는 그런 믿음의 여유에서 나온 유적이 많이 남아 있는 곳입니다. 우선 지리적 환경에서도 전라도 땅은 다른 경상도나 강원도에 비해 훨씬 풍요롭고 여유가 있는 곳입니다. 바다와 강에 물이 풍부하고 너른 평야에 곡식도 잘 자라 다른 지역에 비해 살림살이가 그래도 넉넉한 곳입니다. 그런데 그런 여유 있는 환경이 오히려 전라도 토박이들에겐 고난과 역경의 삶의 원인이 되었습니다. 그 중요로운 물질을 탈취하고 수탈하려는 권력의 희생자가 된 것입니다. 봉건적 조선시대엔 양반과 중앙정부에서 파견된 탐관오리 때문에, 그리고 일제시대엔 토지를 강탈한 일본인 지주와 총독부의 수탈정책 때문에 남도 땅은 빼앗기고 눌린 사람들의 눈물과 '한(恨)'이 멈출 날이 없었습니다. 특히 조선시대와 한말 정치적 유배지로 알려진 전라남도 땅을 답사하면서 이런 한과 아픔의 흔적들을 쉽게 만날 수 있습니다.

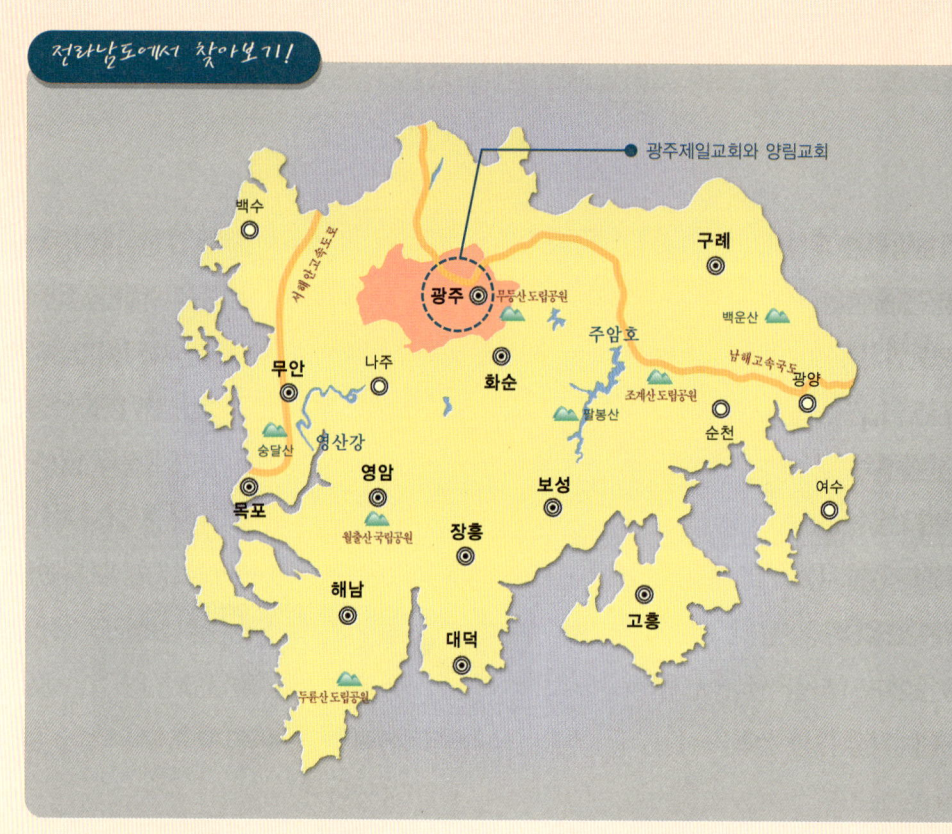

광주 선교와 남도 영성 이야기 #01

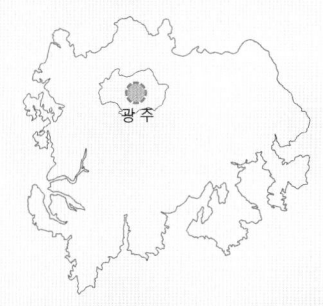

광주의 '모교회', '장자교회' 논쟁
– 광주제일교회와 양림교회

◎◎ 지역 민방 광주방송국이 개국하고 얼마 되지 않았을 때 이야기다. 대학을 갓 졸업하고 방송국에 들어온 젊은 연출자가 대담 프로그램을 맡았다. 그는 자수성가한 토착 실업인을 첫 번째 대담자로 삼고 3시간 동안 촬영하여 40분짜리 필름을 완성시켰다. 그리고 "이만하면 됐다." 싶어 녹화 필름을 방송국 간부들이 보는 앞에서 돌렸다. 그런데 필름이 돌아가면서 방안 분위기가 점점 이상해졌다. 필름이 끝나기도 전에 서울 출신 고위 간부는 "안되겠구먼." 하고 나가 버렸다. 그것으로 연출자는 짐을 싸야 했다. 그리고 그가 만든 필름은 "이런 식으로 만들어선 안된다."는 신입 직원 교육용 교재로 활용되었다 한다. 필름에 담긴 대담 내용은 대략 이런 식이었다.

"나가 핵교 다닐 적엔 공부가 거시기 혀서 노는디만 거시기 혔어라. 그랑께 졸업을 해서 머슬 헐라고 혀도 아는 기 읍승께 머시냐,

노가다로 돌아 거시기 혔어라. 그라다 보니께 못 헐 짓도 많이 혀고 생활이 영 거시기 했제잉. 그라다가 군대에 가서 고생 좀 혀고 제대하고부텀 맴이 쪼께 거시기 혀서 나 땜시 고생 허시는 엄씨를 생각혀서라두 나가 거시기 혀선 안되지 하는 맴이 등게라. 그란디 막상 뭘 헐라고 혀도 가방 줄이 거시기 항께로 뭘 할끼여? 안되것다 싶더라고잉."

연출자도 대담자도 물론 광주 토박이었다. 그러니 둘 사이는 "거시기", "머시기"로 통할 수 있었다. 그래서 대화는 더 화끈했다. 그러나 외지 사람이 들으면 뭘 말하는 건지 도저히 감을 잡을 수 없었다. 서울 출신 간부 표현대로 "거시기, 머시기 빼면 남는 게 없는 대화"를 만든 셈이다.

남도 사람들의 '거시기' 문화

남도 사람들에게 '거시기'와 '머시기'는 영어의 'this'나 'that'보다 더 다양하고 풍부한 용도로 쓰인다. 상황에 따라 그 뜻이 전혀 다르다. 구체적으로 묘사하기 어렵거나 말로 표현하기 쑥

스러울 때, 구태여 말하고 싶지 않거나 장황하게 설명하고 싶지 않을 때, "거시기" 하면 된다. 따라서 '거시기'는 '눈치껏', '감을 잡아' 알아들어야 한다. "들을 귀 있는 자는 들어라." 하는 식이다. '거시기'와 '머시기'는 '마음이 통하는' 사람들끼리 사용하는 암호이자 상징 언어다. 그러나 '감'이 통하지 않는 다른 언어 문화권 사람들에게는 이해할 수 없는 '방언'일 뿐이다.

　남도 사람들의 이 같은 '감(感)의 언어', '눈치 언어'는 그들이 겪었던 역사적 체험과 깊은 관련이 있다. 한반도 끝자락에 위치한 전라남도는 '땅 끝'이자 '변방'이었다. 백두대간 산줄기 따라 북에서 내려온 대륙 사람들, 해풍에 밀려 남에서 올라온 바다 사람들이 섞여 살던 땅, 중앙 정치 권력투쟁에서 내몰린 유배 죄인들이 한(恨)을 안고 살던 땅이었다. 따라서 이곳에서 유민(流民)들이 가져온 이질적인 문화가 섞이면서 남도 특유의 '은유 문화'가 형성되었다. 남의 신경을 거스르지 않을 만큼 자기 감정과 주장을 담을 수 있는 '눈치 언어', 지배자에겐 탄압의 빌미를 주지 않고 동지들끼리는 마음이 통하는 '감의 언어'가 필요했다. 그 결과 현실에 대한 순응과 저항이 절묘하게 어울린 '거시기 문화'가 형성된 것이다.

　남도의 중심, 광주(光州) 문화도 마찬가지다. 삼국시대와 통일신

라시대 광주는 무진(武珍) 혹은 무주(武州)로 불렸는데 이는 '물둑벌'이란 토박이말에서 따온 것이다. 광주란 칭호는 고려 초에 붙여졌다. 이곳 출신 견훤의 추종자들이 이끄는 후백제의 저항을 평정한 고려 태조가 전국 행정 조직을 중국 당나라의 그것을 모방하여 개편하면서 지방 명칭을 대거 중국 지명으로 바꾸었는데 그때 중국 하남성에 있던 광주란 이름을 이곳에 붙였다. 광주는 조선시대 몇 차례 옛 이름인 무진으로 '강등' 된 적이 있었는데 그때마다 광주 출신이 관련된 '역상'(逆上) 혹은 '반란' 사건이 일어난 때문이었다. 조선 세종 때 광주 사람 노흥준이 광주 목사 신보안을 구타한 사건이 일어나 무진군으로 강등된 것이나, 인조 때 광주에서 '떼도적'이 일어나 광산현으로 강등된 것이 대표적인 예다. 중앙에서 보면 반란이지만 지방에서 보면 관리의 탐학과 횡포에 대한 민중의 저항이었다. 이러한 저항 전통은 한말 동학 농민혁명에 이은 기우만·양진여·신덕균·조경환 등의 광주 의병운동, 일제시대 광주 3·1운동과 광주학생사건, 그리고 1980년 광주민주항쟁에 이른다.

그리고 이 같은 저항의 역사를 살아왔으니 남도 사람들의 배타적 보수 성향도 강할 수밖에 없다. 1896년 1월 단발령에 반대하는 남도 유생들이 의병을 일으켜 나주에 있던 관찰사를 쫓아내고 관찰부 참사 안종수(安宗洙)를 살해할 정도였다. 안종수는 일본 유학을 하고 돌아온 '개화파' 지식인으로 '한국의 마게도냐인'으로 알려진 이수정의 일본 유학을 권면한 인물이었다. 이 사건 직후(1896년 8월) 정부는 전라남도를 새로 창설하면서 관찰부를 나주에서 광주로 옮겼고 초대 관찰사로 윤웅렬(尹雄烈)을 내려보냈다. 그는 1882년 김옥균과 함께 갑신정변을 일으켰던 '개화파 인사'였을 뿐 아니라 미국 유학을 하고 돌아온 남감리교인 윤치호(尹致昊)의 아버지였다. 윤웅렬의 부임으로 광주는 근대화 물결을 타기 시작했다. 이로써 고려시대 이후 전주와 남원, 나주보다 한 등급 아래였던 광주가 새롭게 남도 정치·문화의 중심으로 부각되었고 변화와 전통, 개혁과 수구의 갈등과 충격을 체험하였던 것이다. 그리고 이러한 변화와 개혁의 중심부에는 기독교가 자리했다.

물길 따라 이루어진 광주 선교

광주에 기독교 복음이 처음 들어간 때는 광주가 전라남도

▲ 벨이 처음 자리잡았던 양림동 언덕

도청 소재지로 승격된 직후였다. 1892년 한국 선교를 시작한 남장로회 선교사들은 이듬해 전주 선교를 개척했고 1895년 군산 선교를 개척했다. '개항장' 군산은 내륙의 전주보다 선교사들이 활동하기에 유리했고 그 결과 강력한 선교 거점으로 자리 잡았다. 이처럼 전주와 군산을 확보한 남장로회 선교부는 전라남도로 선교를 확장하면서 선교 거점 개설 후보지로 나주와 광주, 두 군데를 생각했다.

　남장로교 선교사들은 1896년 11월 군산을 출발하여 육로로 광주를 거쳐 나주까지 탐사 여행을 했다. 이때 광주에서 방금 부임한 윤웅렬을 만나 선교부 개설에 대한 호의적인 반응을 얻기도 했다. 목포에서 영산강 뱃길로 150리 거슬러 올라가 영산포구에 위치한 나주는 비록 쇠퇴하긴 했으나 아직은 남도의 경제·문화 중심지였다. 그리고 나주에서 50리 떨어진 광주는 새로운 도청 소재지로 지정은 되었으나 개발 전이라 교통이나 문화가 뒤떨어졌다. 선교사

▲ 선교여행을 떠나는 유진벨

들은 '뱃길'이 편한 나주를 택했다. 그리하여 1897년 3월 '2년차 선교사' 벨(E. Bell)이 어학 선생 변창연(邊昌淵)과 함께 나주 외곽에 자리 잡고 선교를 시도하였다. 그러나 1년 전 관찰사를 내쫓고 관찰부 참사를 살해할 정도로 보수적이던 나주 사람들은 쉽게 기독교를 받아들이지 않았다. 그들은 공공연하게 "나주를 떠나지 않으면 살해하겠다."고 벨을 위협하였고, 결국 나주 선교는 6개월 만에 중단되었다.

나주에서 철수한 벨은 목포로 내려갔다. 1897년 10월 '개항장'이 된 목포는 선교사들이 활동할 수 있는 자유 공간이었다. 나주와 달리 목포 사람들은 복음에 적극적인 반응을 보여 20여 명 교인들로 교회를 시작할 수 있었다. 이듬해 의사인 오웬(C.C. Owen)과 여선교사 스트레퍼(F.R. Straeffer)가 합류함으로 교회, 병원, 학교로 이어지는 삼각 선교 체제가 갖추어졌다. 이로써 목포는 남도 선교의 거점이 되었고 여기서 영산강 줄기를 따라 광주 쪽으로 복음이 확산되었다.

'광주군'에서 제일 먼저(1899년 이전) 설립된 교회는 송정면 우산리(牛山里, 현 광주시 광산구 송정리)교회다. 그 뒤를 이어 바다등(현 광산구 삼도리), 잉게, 하나말, 덕산, 도덤, 구소 등지에 교회가 설립되었는데 대부분 영산강과 그 지류인 지석강, 극락강 상류의 배가 닿는 곳에 있었다. 벨, 오웬 등 선교사들과 지원근, 마서규, 김윤수 등 목포 교인들이 배로 오가며 이들 광주 외곽 교회들을 돌보았다. (E. Bell, "Done by the Native Christian", 〈The Korea Mission Field〉, Jun. 1906, 142-144쪽).

그러다가 1904년 2월 남장로회 선교회에서 광주에 선교부를 개설하기로 결정하였다. 나주에서 실패의 경험이 있었던 선교사들은 선교사보다 먼저 한국인 전도인을 보내기로 하고 목포에서 '총순'(總巡) 벼슬을 하다가 개종한 김윤수(金允洙)를 광주로 보냈다. 김윤수는 광주성 외곽 지한면 방림리(현 광주시 서구 방림동)에 자리

잡고 선교사들이 들어와 살 집과 터를 물색하였다. 그렇게 해서 남장로회 선교부지로 마련된 곳이 효천면 양림리(楊林里, 현 광주시 서구 양림동), 방림리에서 멀지 않은 광주천 건너 언덕배기 땅이었다. 이처럼 광주 선교는 목포 → 영산강 → 극락강 → 광주천으로 이어지는 '물길'을 따라 이루어졌다.

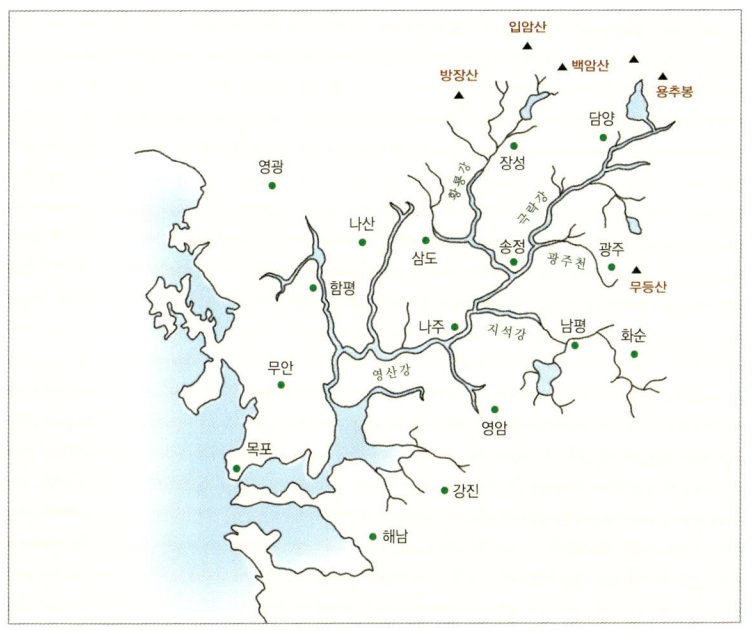

▲ 전라남도 뱃길

김윤수의 주선으로 양림리에 선교사들을 위한 임시 거처가 마련되었고 1904년 가을 목포에 있던 벨의 가족이 광주로 이주하였으며 뒤이어 오웬과 스트레퍼도 합류하였다. 이로써 남도 선교의 중심축이 목포에서 광주로 옮겨졌다. 그런데 다른 지역과 달리 광주에서는 학교나 병원보다 교회가 먼저 시작되었다. 그만큼 광주 사람들의 복음에 대한 반응이 적극적이었다는 얘기다. 이에 대한 『조선예수교장로회사기』의 기록이다.

"[1904년] 光州郡 楊林里敎會가 成立하다. 初에 宣敎師 裵裕祉, 吳基元이 助事 邊昌淵과 敎友 金允洙를 同伴하야 木浦로브터 本里에 到着하야 舍宅을 定하고 熱心傳道훈 結果로 崔興琮, 裵景洙 等이 信從호야 自己 舍廊에서 禮拜하다가 信徒가 漸次增加됨으로 北門內에 瓦家로 禮拜堂을 建築하고 後에 金允洙, 崔興琮 二人을 長老로 將立하야 堂會가 組織되얏고 其後 南宮爀, 李得珠, 洪祐鍾이 繼續 視務하니라."(『조선예수교장로회사기』 상, 1928, 121쪽).

광주 선교 답사는 이 기록을 확인하는 것으로 시작된다. 그런데 그게 단순하지 않다.

광주 '모교회' 논쟁

양림리 언덕 벨의 사택 사랑방에서 1904년 12월 25일 성탄절 예배를 드림으로 시작된 광주 교회는 1년 만에 교인 수가 1백 명을 넘었다. 그러자 별도의 예배처가 필요했다. 그때 마침 정부로부터 북문안 옛 사창(司倉)인 억만고(億萬庫) 터(현 충장로 3가 24번지 가든백화점 자리)를 임대하여 1906년 'ㄱ자' 목조 예배당을 건축하고 교회를 옮겼다. 이때부터 '북문안교회'로 불렸다. 계속 교인이 늘어났고 3·1운동 때는 숭일, 수피아 학생들과 함께 대대적인 만세 시위를 벌여 최흥종 장로를 비롯한 김 강, 김 철, 최병준, 이윤호, 황상호, 주형옥, 김철주, 송광춘, 정두범, 최영균, 박애

▲ 유진벨 사택. 이곳에서 광주제일교회가 시작되었다.

▲ 사직도서관. 벨의 사택이 있었던 자리

▲ 북문밖교회(광주중앙교회)

▲ 광주중앙교회(현재)

순, 홍승애 등 교인들이 옥고를 치르기도 했다.

이처럼 '북문안교회'가 광주 지역 민족운동의 구심점으로 부각되자 일제는 교회를 탄압하기 시작하여 서류상 '정부 소유'로 되어 있던 북문안교회 터를 몰수하고 예배당 출입을 봉쇄하였다. 이에 교인들은 양림동 오웬기념각으로 옮겨 임시로 예배를 드리다가 1919년 10월 남문 밖 금정 101번지 옛 협화의원 옆(현 황금동 파출소 앞 네거리)에 터를 마련하고 북문 안에 있던 50평짜리 'ㄱ자 예배당'을 뜯어 옮겼다. 이때부터 이곳은 '남문밖교회', '남문교회' 혹은 '금정교회'(錦町敎會)로 불렸다(금정교회는 1931년 도로 확장으로 협화의원 옆

'ㄱ자 예배당'이 헐리게 되자 금정 126번지 현 위치로 옮겨 51평 목조 양철 지붕 예배당을 건축하였다). 그리고 이 무렵(1917년부터 1921년까지 여러 주장이 있다.) 북문 밖 교인들이 북문 밖 명치정 여관 자리(현 금남로 4가 79번지 일대)에 교회를 분립하고 신학을 마친 최흥종 목사를 초빙해왔다. 이 교회는 '북문밖교회'라 불리다가 얼마 후 광주중앙교회로 이름을 바꾸었다.

북문 밖 교인들 2백여 명이 나갔음에도 금정교회에는 여전히 4, 5백여 명 교인들이 모여들어 50여 평 'ㄱ자' 예배당이 좁았다. 게다가 금정교회 교인의 대다수를 차지하고 있던 양림동 교인들은 여름만 되면 광주천이 범람하여 금정교회로 오기 어려워 양림동에 따로 교회를 세우기를 원했다. 이에 금정교회는 '분립'을 결정하고 양림동 교인들은 1924년 10월부터 오웬기념각에서 따로 예배를 드리기 시작했다. 이때 금정교회 당회장이었던 김창국 목사를 비롯한 3백여 교인들이 '개울 건너' 양림동 교회로 갔다. 이들은 남장로회 선교부로부터 양림동 29번지 언덕 4백여 평 땅을 기증받아 1926년 60여 평 벽돌 예배당을 지었다.

바로 이 대목에서 광주 '모교회' 논쟁의 빌미가 생겼다. '분립' 당시 노회나 총회, 혹은 선교부에서 이 부분에 대해 명확하게 정리를 하지 않고 이렇게도 해석할 수 있고 저렇게도 해석할 수 있는 모호한, 광주 사람들 표현대로 '거시기한' 기록들을 남겼기 때문이다. 1980년대 후반에 불거지기 시작한 '모교회' 논쟁은 1924년 양림교회 설립을 어떻게 볼 것이냐 라는 해석의 차이에서 비롯된 것이다. 금정교회 전통을 이은 광주제일교회 쪽에서는 북문밖교회를 분립시켜 내보낸 것과 마찬가지로 양림교회를 분립시켜 내보낸 것으로 해석하는 반면,(김수진, 『광주 초대 교회사 연구』, 호남기독교사연구회, 1994; 『광주제일교회 40년사』, 광주제일교회, 1994) 양림교회 쪽에서는 1904년 양림리에서 시작된 교회가 북문안, 남문밖(금정)을 거쳐 다시 개울 건너 원래 양림리로 되돌아온 것일 뿐이라고 주장한다(차종순, "광주 최초의 교회에 관한 연구", 『양림교회 90년사』, 양림교회, 1994). 광주제일교회 쪽에서는 1904년 양림리에서 시작된 광주교회 전통이 북문안을 거쳐 금정에 이르러 오늘까지 이어지는 것으로 보는 반면 양림교회 쪽에서는 1924년 '분립' 당시 금정교회 당회장을 비롯한 다수 장로와 교인들이 양림동으로 왔고 금정에는 '목사 없이' 소수 교인들만 남아 교회를 따로 한 것일 뿐이라는 주장이다. 논쟁은 치열했고 자료들도 많이 동원되었다. 그러나 '밖에서' 이 논쟁을 지켜보면서 논리적 모순과 억지를 느꼈다. 무엇보다 자기 주장

▲ 남문 밖에 있던 광주제일교회, 현재 전남대학교 병원 주차장으로 변했다.

에 유리한 자료는 적극 수용하면서도 반대로 불리한 자료는 애써 무시하거나 자의적으로 해석하는 방법론상의 오류, 즉 미리 결론을 내려놓고 자료를 인용하거나 해석하는 '연역적 오류'(reductio ad absurdum)가 눈에 띄었고, '모교회' 전통을 공유할 수 없다는 한국교회 특유의 '배타적 독점'(possessio exclusio) 의식을 바탕으로 한 주장에 선뜻 동의할 수 없었다.

▼ 치평동으로 옮겨간 광주제일교회(현재)

이 문제는 학술적 논쟁에서 그치

지 않고 노회와 총회에 유권 해석을 의뢰하는 등 정치 문제로까지 비화되었으나 어느 누구도 선뜻 개입하기를 꺼려하는 '기피 사항'이 되었고 지금도 분명한 결론 없이 '거시기한' 상태로 남아 있다. 다만 그 과정에서 같은 교단, 같은 노회, 같은 지역 교인들 사이에 감정적 골이 깊어져 결과적으로 얻은 것보다는 잃은 것이 더 많았음은 분명하다.

양림동 '장자교회' 논쟁

이것으로 양림교회 문제가 끝나는 게 아니다. 양림교회가 하나가 아니기 때문이다. 광주에 내려 택시를 타고 "양림교회로 갑시다." 하면 택시 기사는 대뜸, "어느 짝 양림교회요? 꼭대기에 있

▲ 양림교회(기장)

▲ 양림교회(예장통합)

는 교회요? 정원이 있는 교회요? 아니면 길가에 있는 교회요?"라고 되묻는다. '꼭대기에 있는 교회'는 기장측 양림교회를 말하고 '정원이 있는 교회'는 예장 통합측 양림교회, '길가에 있는 교회'는 예장 합동측 양림교회를 말한다. 광주 교인들은

▲ 양림교회(예장합동)

아예 '웃 양림'(기장), '아랫 양림'(예장 통합), '옆구리 양림'(예장 합동)으로 부르기도 한다. 이처럼 양림동에 같은 이름의 세 교회가 생긴 것은 해방 후 한국 장로교회가 체험한 갈등과 분열 때문이었다.

 양림동에서는 해방 후 장로교가 분열될 때마다 교인들 사이에 '멱살잡이', '강단 끌어내리기' 소동을 거쳐 교회가 하나씩 생겨났다. 1953년 기장·예장 분열 때는 '김재준 목사의 조선신학교'를 지지한 당회장 김재석 목사의 신학 노선에 동의할 수 없었던 1백여 명 교인들이 떨어져 나왔다. 이들은 숭일학교 강당으로 사용되던 오웬기념각에서 따로 예배를 드리다가 남장로회 선교부에서 언덕 아래 양림동 92번지 일대 2백여 평 땅을 주어 종탑이 딸린 2층짜

▲ 호남신학대학에서 바라 본 양림동 일대

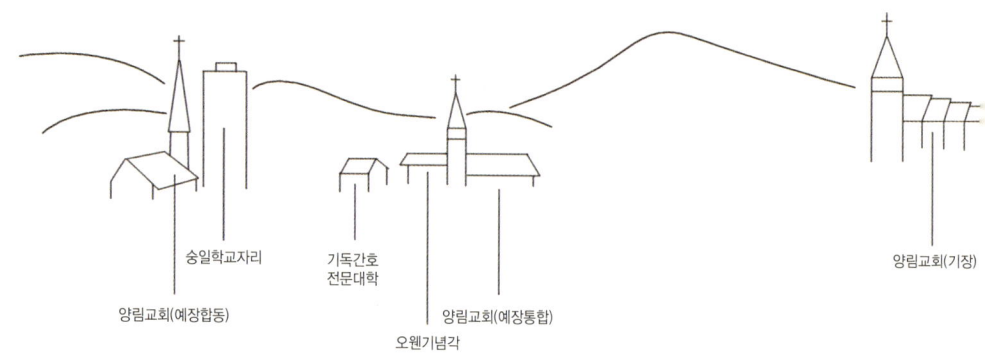

리 '변형 고딕식' 붉은 벽돌 예배당을 지었다. 이로써 '윗 양림'과 '아랫 양림'이 나뉘었다. 그런데 '아랫 양림'에서 예배당 건축이 채 마무리되지 않았던 1959년 9월, 다시 예장이 통합측과 합동측으로 분열되었다. 이때도 '아랫 양림'이 두 파로 나뉘어 2년 동안 실랑이를 벌이다가 1961년 당회장 장동진 목사를 비롯한 합동측 지지자들이 오웬기념각에서 따로 예배를 드리기 시작했다. 남장로회 선교부는 1971년 '합동측' 교인들에게도 양림동 113번지 일대

2백여 평 땅을 주어 그곳에 3층짜리 '변형 고딕식' 벽돌 예배당을 지었다. '옆구리 양림'이 탄생한 것이다.

  이같은 양림교회 분열에는 교회 내부적 갈등에도 원인이 있었지만 교회 분열을 다루는 남장로회 선교부의 '거시기한' 태도에도 문제가 있었다. 교회 분열 때 선교부가 엄정 중립을 지키면서 대화를 주선하고 화해를 추구하기보다는 '떨어져 나온' 교인들에게 땅을 줘서 교회를 짓게 함으로 교회 분열을 고착화시킨 셈이 되었다. 특히 신학에서 보수적이었던 남장로회 선교부는 교회 분열 때마다 수적으로는 열세지만 신학적으로 보수적인 쪽에 땅을 주어 교회를 설립하게 했으니 기장·예장 분열 때는 예장측(아랫 양림)에, 예장 합동·통합 분열 때는 합동측(옆구리 양림)에 선교부 땅을 떼어 주었던 것이다. 그리고 그때마다 양림동 오웬기념각은 '떨어져 나온' 교인들의 임시 예배처로 사용되었다. 그 결과 오웬기념각을 중심으로 반경 150미터 안에 같은 이름의 교회가 셋이 생긴 것이다. 그리고 서로가 1904년 '양림리교회' 전통을 계승한 교회로 주장하고 있으니 한국 장로교회 교단들의 해묵은 '장자교회' 논쟁이 여기서도 재연된 셈이다.

  이유야 어떻든 같은 동네에 같은 이름의 교회가 셋이 몰려 있으면서 대화가 단절된 반세기 역사를 지내 온 것은 부끄러운 일이다. 비생산적이고 선교에도 장애가 되는 '모교회' 논쟁과 '장자교회' 논쟁을 이쯤에서 접어 둘 때가 되지 않았을까? 우스개 소리인지는 모르지만, 최근 들어 평신도들 사이에 "세 교회가 함께 모여 모든 교인이 보는 앞에서 제비를 뽑아 한 교회만 양림교회 명칭을 쓰고 다른 두 교회는 이름을 바꾸자."는 말이 돌고 있는 것과 1998년 9월 26일, 분열 50년 만에 처음으로 세 교회가 연합으로 양림동 호남신학대학교에서 〈사랑 나누기 양림 음악회〉를 개최하였다는 소식을 들으며 갈등과 분열의 구시대를 정리하고 화해와 일치의 새로운 시대를 향한 희망의 싹을 느낄 수 있어 그나마 다행이다.

뒷이야기

🌀아니나 다를까? 〈기독교사상〉에 이 글이 나가자 광주 '모교회' 논쟁 당사자 교회의 하나인 기장측 양림교회(웃 양림교회)로부터 〈기독교사상〉 편집실에 항의성 질문서가 배달되었다. 질문의 요지는 『조선예수교장로회사기』기록에 나오는 "광주군 양림리에 교회가 설립되다."는 기록과 그 후 북문안과 금정으로 옮긴 교회가 1924년 분립 당시 당회장을 비롯한 교인 다수가 양림동으로 '되돌아 온 것'에 근거하여 광주 모교회는 광주제일교회가 아닌 양림교회여야 한다는 것이었다.

〈기독교사상〉 편집부로부터 연락을 받고 답변서를 작성하여 양림교회에 보냈는데 잡지 글에서는 밝히지 않았던 '무리한 역사 해석'의 오류를 지적했다. 무엇보다 양측 교회 모두 자료 선택이나 해석에서 자기 교회에 유리한 대목은 크게 강조하면서도 불리한 자료는 외면하거나 의미를 축소하는 '연역적 오류'를 범하였음을 지적하였다. 대표적인 예로 제일교회측은 교회가 '양림동'에 설립되었다는 기록을 담은 『조선예수교장로회사기』를 오류가 많은 책이라는 식으로 사료적 가치를 폄하하고 있으며, 1924년 양림교회와 분립된 직후 기록된 〈금정교회당회록〉에서 그해 10월 5일 소집된 금정교회 당회를 '제1회 당회'로 표기하여 금정교회가 마치 새로 시작된 교회로 해석될 수도 있는 사실을 언급조차 하지 않고 있다. 양림교회 측도 마찬가지다. 1924년 당시 양림동 교회가 금정교회에서 '분립'해 나갔다는 내용을 담은 〈기독신보〉 기사(1925. 1. 7)와 양림교회 예배당 봉헌식 때 낭독된 〈양림교회 약사〉, 그리고 양림교회 창립일을 '1924년'으로 표시하고 있는 『조선예수교장로회 50주년 역사화보』(1934) 등 노회와 총회 관련 자료들을 외면하고 있다. 이미 없어져 확인할 수는 없었지만 옛 양림교회가 새 예배당을 지으면서 헐어버린 옛날 예배당(1926년 건립)에서 나온(교회 창립연도를 1924년으로 기록했다고 하는) 머릿돌을 없앴다고 하는데 그게 사실이라면 이는 '역사 훼손'에 해당하는 중대한 사안인 셈이다.

아무튼 광주의 '모교회 논쟁'은 치열하고도 복잡하다. 이 문제는 노회는 물론 총회까지 아우르는 정치적 사안으로 상정되어 전국적인 관심사로 변하였다. 1997년 한국기독교역사연구소 개교회사연구반에서도 이 문제를 가지고 특별 세미나를 개최한 바 있었지만 분명한 결론을 내리지는 못했다. 그러나 정작 모교회 논쟁 당사자인 제일교회와 양림교회를 제외한 다른 광주 교회 교인들은 이 문제에 별관심이 없고 오히려 이 문제를 '정치 쟁점화' 시킴으로 노회와 지역 교회로 하여금 줄서기를 강요하는 두 교회 처사에 대해 '짜증 섞인' 불만을 토로하고 있다. 이 시점에서는 '거시기'한 역사를 '거시기'하게 내버려두는 것도 교회의 평화를 위해 도움이 될지도 모르겠다.

양관에서 듣는 '열세 집' 노래
- 양림동 오웬기념각 -

바른 믿음을 가지려 노력하는 이들이 물질과 환경의 여유보다 믿음과 마음의 여유에서 만들어진 문화와 그 유적을 즐겨 찾는 이유가 여기 있습니다. 그런 면에서 전라도는 그런 믿음의 여유에서 나온 유적이 많이 남아 있는 곳입니다. 우선 지리적 환경에서도 전라도 땅은 다른 경상도나 강원도에 비해 훨씬 풍요롭고 여유가 있는 곳입니다. 바다와 강에 물이 풍부하고 너른 평야에 곡식도 잘 자라 다른 지역에 비해 살림살이가 그래도 넉넉한 곳입니다. 그런데 그런 여유 있는 환경이 오히려 전라도 토박이들에겐 고난과 역경의 삶의 원인이 되었습니다. 그 풍요로운 물질을 탈취하고 수탈하려는 권력의 희생자가 된 것입니다. 봉건적 조선시대엔 양반과 중앙정부에서 파견된 탐관오리 때문에, 그리고 일제시대엔 토지를 강탈한 일본인 지주와 총독부의 수탈정책 때문에 남도 땅은 빼앗기고 눌린 사람들의 눈물과 '한'(恨)이 많이 남아 있었습니다. 특히 조선시대와 한말 정치적 유배지로 알려진 전라남도 땅을 답사하면서 이런 한과 아픔의 흔적들을 쉽게 만날 수 있습니다.

광주 선교와 남도 영성 이야기 #02

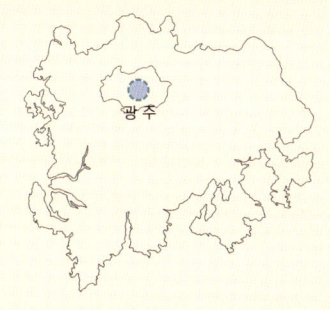

양관에서 듣는 '열세 집' 노래
- 양림동 오웬기념각

1904년 12월 25일 양림동 '임시 거처'에서 성탄절 예배를 드리는 것으로 '광주 선교'를 개척한 벨과 오웬은 김윤수를 내세워 학교와 병원을 할 선교 부지를 확보하고 집을 짓기 시작하였다. 광주 사람들은 언덕 위에 집을 짓는 이상한 사람들을 구경하러 언덕을 올랐다. 선교사들은 '구경꾼들'을 맞는 것으로 선교를 시작하였다. 벨 부인이 전하는 구경꾼 이야기이다.

"구경꾼들은 문을 열고 들어오자마자 거울을 보게 되는데 이게 그들에겐 신기하고도 혼란스런 것입니다. 그들은 처음 보는 거울 앞에서 입을 벌리고 감탄하거나 거울에 비친 자기 모습을 보고 우스꽝스런 몸짓을 하곤 합니다. 어떤 이들은 거울 앞에 서서 거울 속에 비친 자기 모습을 보고도 남인 줄 알고, '당신도 구경 왔수?'라고 묻고는 '나도 구경 왔소.' 합니다."(M. W. Bell, "'Koog Yung Coon', in Korea", The Missionary, Mar., 1906, 105쪽).

대부분 구경꾼들은 말 그대로 구경만 하고 갔지만 그 중에는 그곳에 사는 사람들과 그들이 하는 일에 관심을 두어 그것이 개종으로 연결된 경우도 많았다. 그래서 선교사들은 자기 발로 찾아 온 구경꾼들을 소중하게 여기며 '보여 주는 일'에 정성을 기울였다. 다른 지역과 마찬가지로 광주 선교는 '구경꾼 선교'로 시작되었다. 양림동 '양관 동네'는 좋은 구경거리였다.

양림동 양관 동네

광주 선교 개척자 벨도 양림동 언덕의 아름다운 경치에 자부심을 가졌다.

"편견이 없는 비평가의 의견을 들어보아도 광주 선교부는 한국에 있는 그 어떤 선교부보다 뛰어난 풍광을 지니고 있습니다. 선교 부지는 광주시 외곽 가까운 언덕바지에 있는데 거기서 보면 언덕 아래로 계곡과 강줄기가 한 눈에 들어오고 저 멀리 높은 산들이 보입니다. 아직 사야 할 땅이 더 있기는 합니다만 이곳 전체 부지는 35에이커에 달하며 그 안에 선교사 아홉 가정의 집과 정원, 그리고 남자학교와 여자학교의 부지와 운동장, 병원과 시약소 부지가 마련되어 있습니다. 이외에 선교사들이 개인적으로 사 둔 땅 10에이커가 더 있어 모두 합하면 45에이커가 되는데 그 가격은 2천 달러도 못됩니다. 우리는 이 아름다운 땅을 아주 헐값에 살 수 있었습니다. 그런데 지금 이 곳 땅값은 급속도로 오르고 있습니다."(E. Bell, Annual Report of Kwangju Station, 1909, 50–51쪽).

  45에이커면 우리 평수로 5만 6천 평이 넘는다. 그만한 땅을 '단돈' 2천 달러에 샀다면 헐값이 아니라 거저 얻은 셈이다. 당시 우리나라 땅 값이 쌌지만 다른 지역에 비해 광주 선교부 땅값은 싸도 너무 쌌다. 그 이유를 양림동 선교부 터를 안내하던 김두현 장로에게서 들을 수 있었다. 그는 전북 부안 출신으로 6·25 전쟁 이후 광주 선교부와 연결되어 오랫동안 선교사 어학 선생과 선교부 재단 서기 일을 보았고 전남노회장을 역임한 은퇴 장로다.

  "그럴 것이었제라. 선교사덜이 들어오기 전에 여그 일대가 무덤이었제. 특히 선교사 집들이 들어선 언덕은 '애장터'라 혀서, 어린 애덜이 죽으면 갖다 버리는 곳이었제. 옛날 어른덜 얘기를 들어보면 여그 길가 나뭇가지에 죽은 애덜 시체를 걸어 놓는 것을 지내감서 보았다잖여? 그러니 누가 여그 들어와 살라고 혔겠어? 옛날 어른들 말씀으론 그 적에 선교사덜이 땅 한 평에 1전인가, 1전 5린가 주고 샀다는 말을 많이 들었제."

'애장터'라면, 남도의 장례 풍습에 따라 어린아이들이 죽으면 시체를 땅에 묻지 않고 나무 위에 걸어 놓는 '풍장'(風葬)의 현장이었던 셈이다. 그러니 어른들이라도 가까이 하기를 꺼리는 '버려진 땅'이었다. 선교사들은 그런 땅을 '헐값'에 사들였던 것이다. 선교사들은 이곳을 거점으로 해서 1910년 이후에도 양림동은 물론이고 인근 봉선동과 방림동 땅까지 계속 사들여 1926년 당시 광주 선교부 소유 토지는 임야까지 포함해서 모두 10만여 평에 이르렀다.

선교사들은 이렇게 사들인 땅을 가꾸기 시작했다. 무덤들을 파 옮긴 양림동 언덕에는 2천 그루가 넘는 나무를 심었고, 좁은 오솔길은 차가 다닐 수 있는 '신작로'로 바꾸었다. 1905년 가을, 양림동 언덕에 벨과 오웬이 살 '2층 벽돌집' 두 채를 지은 것을 시작으로 1909년 이전에 이미 선교사 사택 9채를 지었다. 뿐만 아니라 양림동 초입에 남자 학교인 숭일학교와 이일성경학교가, 언덕 쪽으로는 여자 학교인 수피아학교가 자리 잡았고 언덕길 중간에는 병원이, 그 아래쪽으로는 에비슨이 하던 농림학교가 자리 잡았다. 이들 기관에서 2층, 3층짜리 건물들을 지음으로 20년 사이에 양림동 언덕은 '무덤' 대신 '양관'(洋館)들로 가득 차게 되었다. 양림동 언덕에 나무 숲 사이로 보이는 이들 양관들이 광주의 명물, '구경거리'가 된 것은 당연하다.

이처럼 '양관'을 보려는 구경꾼들과 함께 학교와 병원에 학생과 환자들이 몰려들면서 양림동 언덕은 광주천변 시장 다음으로 광주 사람들이 자주 찾는 곳이 되었다. 그리고 그곳에서 전에 보지 못하던 신기한 것들을 보았고 그것을 광주 사람들에게 전하였다. 이런 식으로 양림동 언덕에서 불기 시작한 근대화 바람이 광주천을 건너 시내로 흘러들었다.

그러나 세월 따라 양림동 풍경도 많이 달라졌다. 그 넓던 선교부지도 해방 이후 한국 교회와 기관 단체들에게 이리 떼어 주고 저리 떼어 주다 보니 지금은 수피아여학교 및 광주기독병원, 광주기독병원간호전문대학, 호남신학대학교 등이 사용하고 있는 2만여 평만 남았다. 그 많던 '양관'들도 6·25전쟁과 1960-70년대 '개발시

▲ 호남신학대학교

대'를 거치면서 대부분 허물려 없어졌고 현재 남아 있는 것은 수피아여학교 안에 남아있는 다섯 채와 의료 선교사 윌슨이 살던 집, 그리고 오웬기념각 등 일곱 채 뿐이다. 따라서 양림동 답사는 이들 살아남은 옛 건물들을 돌아보는 것으로 시작된다.

양림동 오웬기념각

광주 시내에서 양림교로 광주천을 건너면 곧바로 선교사들이 확장했다는 양림동 고갯길에 이른다. 그 길로 걸어서 5분쯤 올라가면 오른쪽으로 '옆구리 양림'으로 불리는 예장 합동측 양림교회가 나오고 그 앞쪽으로 20층 높이 고층 아파트가 보인다. 이 고층 '무등파크맨션' 아파트가 자리잡은 곳 일대가 옛날 숭일학교 자리다. 숭일학교가 1971년 개울 건너 동운동으로 이사간 후 이 곳에 있던 '양관들'이 모두 헐려 없어지고 그 자리에 고층 아파트가 들어선 것이다. 따라서 이곳에서는 옛 숭일학교 분위기조차 느낄 수 없다. 거기서 조금만 더 올라가면 양림동 사거리가 나오고 그 모서리에 '아랫 양림'으로 불리는 예장 통합측 양림교회와 함께 그

▲ 오웬기념각

 오른쪽에 회색 벽돌의 아담한 2층 '양관'이 보인다. 바로 오웬기념각(吳元紀念閣, The Owen Memorial Building)이다.

 '오웬기념각'은 광주 선교 개척자 오웬(Clement C. Owen, 오원 혹은 오기원)을 기념하여 지은 것이다. 오웬은 미국 남부 버지니아 출신으로 버지니아 유니언신학교와 버지니아대학에서 신학과 의학을 공부한 목사이자 의사였다. 1898년에 내한하여 벨과 함께 목포 선교를 개척한 후 1904년 겨울 광주 양림동으로 옮겨 광주 선교를 개척하였다. 그는 광주 동남부에 위치한 능주, 구소, 남평, 자흥 등지를 맡아 거의 모든 시간을 순회 전도에 할애하였다. 그러다가 1909년 4월, 지방 순회 전도 중 폐렴에 걸려 마흔 두 살의 나이로 숨을 거두었다.("In Memorium of Rev. Clement Carrington Owen", Station Reports of the Southern Presbyterian Mission in Korea, Jul., 1909).

 그가 별세한 후, 미국에 있던 그의 가족과 친지들이 그의 희생을 기리는 의미에서 '기념각'을 지을 선교비를 보내 와 1914년에 2층 짜리 '오웬기념각'이 건립되었다. 그런데 이 기념각은 엄밀한 의미에서 두 명의 '오웬'을 기념하고 있다. 기념각 서쪽 정문 위에 달린 현판을 보면 바깥쪽으로 "吳基冕及其祖韋廉之紀念閣"이란 한문 기록이 있고 가운데 영문으로 "In Memory of William L. and Clement C. Owen"이라고 표기되어 있다. 오웬과 그의 할아버지(William L. Owen)를 기념하여 지은 것임을 알 수 있다. 오웬은 네 살 때 고아가 되어 조부 밑에서 양육되었는데 그의 유아기 신앙생활이나 선교사 지원 과정에서 조부의 영향력이 지대하였다. 그는 광주에서 선교 활동을 하면서 본국 할아버지에게 "광주 학생들의 신앙과 문화 활동을 자유롭게 할 수 있는 강당이 필요하다."는 편지를 썼는데 그가 죽은 후에 그 소원이 이루어진 것이다. 미국의 오웬 가족들은 이 점을 기억하고 싶었던 것이다.

▼ 오웬기념각 기념표지판

오웬기념각을 지은 사람은 '건축 선교사' 스와인하트(M.L. Swinehart, 서로덕)다. 그는 평신도 '장로' 선교사로 건축을 전공한

▲ 오웬기념각

토목 기술자였다. 미국 인디애나 출신으로 철도청, 사범학교, 은행 등지에서 근무하다가 1911년 9월에 내한하였다. 그는 선교사들 사이에서 '캡틴'(captain)으로 불렸는데 이는 그가 선교부 관련 각종 건축 공사를 지휘 감독하였기 때문이었다. 그는 1910년대 이후 남장로회 선교부 뿐 아니라 다른 선교부 건물들도 많이 지었는데 대표작으로는 1931년에 지은 서울 종로의 '조선예수교서회' 5층짜리 건물이 있다. 스와인하트는 고전적이면서도 효율적인 건축을 선호했다. 이런 그의 기호를 잘 드러내고 있는 것이 '오웬기념각' 이다.

르네상스풍 건물의 공간 문화

외형으로 보면 이 건물은 정방형의 르네상스식 건축 양식을 취하고 있다. 지붕은 양철로 되어 있지만 모양이 조선식 '팔작 지붕'을 변형한 형태를 취하고 있는 것이 눈에 띄고 지붕 위로 사방 두 개씩 모두 여덟 개 굴뚝이 솟아 있다. 해남 갯벌 흙으로 찍었다는 회색 벽돌로 외벽을 둘렀으며 창문은 부분 아치로 장식했다. 정문으로 통하는 현관은 반원형 아치 장식으로 화려하게 꾸미고 7미터 높이의 쇠기둥을 좌우로 둘씩 세워 놓아 웅장하면서도 한층 고전적인 멋을 느끼게 한다. 그런데 똑같은 양식의 정문이 서쪽과 북쪽, 두 곳에 나 있는 것이 눈에 띈다. 정문이 두 개인 것은 남녀 출입을 구분하기 위한 것으로 서쪽 문으로는 수피아여학교 학생들과 여자들이, 북쪽 문으로는 숭일학교 학생들과 남자들이 출입하였던 것이다. 뿐만 아니라 남쪽과 동쪽으로 쪽문이 하나씩 나 있어 건물 규모에 비하면 문이 너무 많은 느낌이다. 이는 이 건물이 주로 강당이나 공연장으로 이용되었기 때문에 많은 관객들을 짧은 시간 내 출입시키기 위함이었다.

건물 안의 공간은 통간(通間)으로 되어 있어 시원하면서도 굵은 들보들을 대형 볼트로 엮어 짜 맞춘 천정 가구가 견고한 느낌을 준다. 건물 북서쪽 모서리에 삼각으로 무대 겸 강

▲ 오웬기념관과 광주기독간호대학

단을 설치하였다. 1920년대까지만 해도 강단 앞에서 뒤쪽으로 휘장이 쳐져 있어 남녀석이 엄격하게 구분되었다고 한다. 바닥은 뒤가 높고 앞쪽으로 경사진 마루 바닥으로 되어 있어 앉아서도 무대 위를 볼 수 있게 하였다. 뒤쪽으로 폭 5미터 되

▲ 아치형식의 오웬기념각 문

는 발코니 형태의 2층 수평 마루가 설치되어 있는데 바닥이 역시 앞쪽으로 쏠려 있다. 의자 없이 마루 바닥에 앉던 시절의 건축임을 알 수 있다. 뒤쪽 발코니 아래쪽 공간과 위쪽 공간은 조립식 판자문들로 여러 개 쪽방을 만들어 '분반 공부'를 하다가 큰 집회 때엔 판자문들을 위로 올리거나 옆으로 접어서 내부 공간을 최대한으로 넓혀 사용하였다. 공간 활용을 극대화하려는 르네상스식 건축 문화의 특징을 보여주는 예다. 그러나 해방 후에 쪽방들을 없애고 1층 마루 바닥도 수평으로 고친 후 의자를 놓으면서 강단도 높였다.

오웬기념각이 처음 지어질 때는 주로 숭일학교 강당 겸 예배실로 사용되었고 1920년대 들어서 광주기독교청년회(YMCA) 및 여자기독교청년회(YWCA) 집회 장소로 사용되었으며 달성경학교 형

▲ 오웬기념각 내부(뒤편)

▲ 오웬기념각 내부(앞쪽)

태로 운영되던 남자 성경학원 교사로도 쓰였다. '오웬성경학원'(Owen Memorial Bible School)이란 말이 그래서 나왔다. 또한 지금의 전주 한일신학대학교의 전신인 광주 이일성경학원(Neel Bible School)도 1926년 독자적인 교사를 마련하기까지 이곳에서 수업하였다. 뿐만 아니라 '예배당 없는 교회'의 예배 처소로 종종 사용되었으니 1919년 3·1운동 때 북문안에 있던 예배당을 빼앗긴 광주 교인들이 남문밖(금정)에 새 예배당을 마련하기까지 수개월 이 곳에서 예배를 드렸고 1924년 금정교회에서 떨어져 나온 양림교회 교인들이 1926년 양림동 언덕에 벽돌 예배당을 짓기까지 2년 넘게 이곳에서 예배를 드렸다. 해방 후에도 잦은 교회 분열로 양림동에 같은 명칭을 쓰는 '양림교회'가 셋이 생겨났는데 그때마다 오웬기념각은 '떨어져 나온 교인들'의 임시 예배처로 사용되었다. 즉, 1954년 '웃 양림'(기장)에서 떨어져 나온 '아랫 양림'(예장) 교인들이 6년 동안, 그리고 다시 1961년 '아랫 양림'(예장 통합)에서 떨어져 나온 '옆구리 양림'(예장 합동) 교인들이 10년 동안 이곳에서 예배를 드렸다.

오웬기념각의 〈열세 집〉 공연

오웬기념각은 교인과 학생들이 모여 예배를 드리고 공부하는 단순한 '선교 공간'만은 아니었다. 이곳은 광주 신문화의 요람이기도 했다. 광주 '구경꾼들'은 오웬기념각에서 공연되는 연극과 음악회, 강연과 무용을 보기 위해 광주천 돌다리를 건넜다. 광주의 최초 음악회로 알려진 1920년 김필례 음악 발표회가 이곳에서 열렸고 1922년에는 김태오가 조직한 현악단이 이곳에서 첫 연주회를 가졌다. 또한 1921년 5월에는 민족운동가 이 강(李剛)이 인솔한 '해삼위(블라디보스토크) 조선인 학생 음악단'이 와서 공연하였는데 그때 광주 사람들은 처음으로 남자와 여자가 손을 잡고 돌거나 껴안고 추는 '보기 민망한 춤'을 보았다. '망명 2세'들이 보여주는 서구 무용과 음악 연주회를 보면서 광주 사람들은 문화적 충격도 적잖게 받았지만 '망국민'의 슬픔도 함께 나누었다. 광주 사람들을 울음바다로 만들었던 1920년대 순정 영화 〈쌍옥루〉도 이곳에서 상영되었고 학생들이 만든 연극은 물론이고 청년회원들의 신파조 연극도 종종 이곳에서 공연되었다.

그 중에도 1920년대 초, 수피아여학교 학생들이 오웬기념각에서 공연한 〈열세 집〉이란 가극이 유명했다. 〈열세 집〉은 일제시대 우리나라 13도를 의미하였다. 광주기독병원 전도사가 된 아버지(한종구)를 따라 여덟 살 때(1938년) 양림동 선교사 동네에 들어와 그곳에서 자랐고 해방 후 수피아 교사와 교장을 역임한 한덕선 장로가 전하는 〈열세 집〉 공연 장면이다.

"구전으로만 전해 오던 것을 광주 선교 50주년을 기념해서 1975년 최윤상 선생님 연출로 수피아 학생들이 재연한 적이 있었어요. 무대가 열리면 소복을 한 여학생 13명이 머리를 길게 풀어 내리고 나오는데 머리엔 무궁화 꽃을 꽂고, 어깨엔 13도 이름을 쓴 띠를 두르고, 가슴엔 각자 맡은 도의 모양을 축소한 종이 조각 틀을 안고 나옵니다. 조각 틀 안에는 촛불이 있어 틀을 바른 형형색색의

종이로 빛이 비쳐 나오지요. 무대 중앙에는 한반도 모양의 큰 틀이 빈 채 놓여 있는디 그 틀을 세운 기둥에 열세 가닥 단심(丹心) 줄이 있어 여학생들의 가슴과 연결되어 있었어요. 순서대로 각 도를 상징하는 음악이 연주되면 해당 학생이 춤을 추며 나와 자기 도의 특산물과 자랑거리를 설명한 후 중앙의 한반도 틀에다 들고 있던 조각 틀을 끼어 맞추고 들어가지요. 이런 식으로 전국 13도 조각 틀을 들고 있던 학생들이 순서대로 한반도 큰 틀을 끼워 맞추는디 마지막 학생이 순서를 마치면 장내 불이 모두 꺼집니다. 그러면 캄캄한 중에 무대 중앙의 한반도 틀만 빛을 발하지요. 그런 다음 학생들이 빙빙 돌면서 춤을 추는디 단심줄을 댕기거나 풀면 그에 따라 불빛으로 오색찬란한 한반도 땅 덩어리가 어둠 속에서 덩실덩실 춤을 추기도 하고 하늘로 치솟기도 합니다. 그 광경을 본 관객들은 가슴이 울렁거리다가 이내 울음바다가 되지요."

불빛을 머금은 땅 덩어리를 가슴에 안고 춤을 추는 소복 입은 학생들의 몸놀림은 나라 잃은 민중의 한과 분노를 담고 있었다. 그때 학생들이 춤을 추면서 불렀다는 〈열세 집〉이란 노래다.

"우리의 웃음은 따뜻한 봄바람 / 훈풍을 만난 무궁화 동산

빛나거라 삼천리 무궁화 동산 / 잘 살어라 이천만의 고려족
북편의 백두산과 두만강으로 / 남편의 제주도와 한라산
동편에 강원도 울릉도로 / 서편에 황해도 장산곶까지
우리 우리 조선의 아름다움을 / 맹호로 표시하니 십삼도로다
호랑이 잔등 위에 올라타고서 / 질풍처럼 종횡무진 달려 나갈 제
알프스 산맥도 막지 못하고 / 태평양 큰 물결도 두렵지 않다
호랑이여 달려라 용맹스럽게 / 백두산 정기의 힘이 솟는다"

끝나지 않은 공연

〈열세 집〉은 지방 공연까지 할 정도로 호남 사람들의 사랑을 받았으나 일제의 감시와 통제로 오래 지속되지는 못했다. 특히 1929년 광주학생사건이 일어난 후에 학생들의 연극과 음악회 등 문화 활동은 철저한 감시를 받았다. 그런 중에도 1930년대 수피아 학생들은 '반일회'(班日會)를 통해 저항 의식을 표출하였다. '반일회'는 요즘의 '학예발표회' 처럼 졸업식 전 날이나 성탄절 전야 같은 특별한 날에 수피아 학교 학생들이 반(班) 단위로 연극이나 무

용 같은 문화 공연을 하는 행사였는데, 여기에 참여하는 학생들은 '반일회'를 '反日會', 즉, '일본을 반대하는 모임'으로 인식하였다. 오웬기념각이 이런 '반일회' 무대가 되었음은 물론이다.

해방 후, 미군청정 시절 오웬기념각을 접수한 미군들은 모서리 강단에 철장을 치고 좌익 사상범들을 가두고 심문하기도 하였다. 그 후 오웬기념각은 숭일학교 강당, 전남체육고등학교 체육관으로도 쓰였고 1978년 이후 소유주가 된 광주기독병원 간호전문대학 강당으로 쓰이고 있다. 지은 지 팔십 년이 넘어 낡기는 했어도 아직 현역으로 활동하고 있는 것이 반갑다. 여러 차례 주인이 바뀌고 개발에 밀려 헐릴 위기도 여러 번 있었지만 '광주 명물' 오웬기념각만은 남겨야 한다는 뜻있는 광주 교인들의 '10년 탄원'이 마침내 결실을 거두어 1998년 5월 광주시 지방 유형문화재 26호로 지정되었다. 이로써 일제시대 광주 사람들에게 구경거리를 제공했던 오웬기념각이 이제는 문화재가 되어 구경꾼들을 맞고 있다. 오웬기념각은 은퇴를 거부한 노배우처럼 답사객의 귀에 속삭였다.

"통일이 되어서 여그서 온전한 〈열세 집〉 공연이 이루어지기까지는 은퇴하지 않을 걸세."

답사자의 발걸음은 자연스럽게 망월동으로 옮겨졌다.

뒷이야기

ⓞⓞ 오웬기념각 답사를 한 후 망월동 5·18 민주항쟁 희생자 묘역을 찾았다. 해방 50년 만에 처음으로 '호남 출신' 대통령을 낸 직후라 그런지 망월동은 그 어느 때보다 활기차 보였다. 더욱이 정부 예산으로 수만 평 묘역을 마련하고 희생자 무덤들을 옮긴 후 '국립묘지' 수준의 치장을 하고 내로라하는 정치인들이 참배 행렬을 이끌고 있었다. 그러나 왠지 화강암과 대리석, 콘크리트 건물들로 치장된 새 묘역이 별로 재미없었다. 말 그대로 '대충 훑어보고 나서' 이들이 옮겨 오기 전에 묻혔던 곳, 1980년 당시 '침묵을 강요당한' 시민들의 오열 속에 처음 묻혔던 시립 공원묘지 '제3묘원'으로 건너갔다. 건너편의 거대한 새 묘역과 달리 이곳은 여전히 가난하고 평범한 '일반 시민'들이 묻히는 평범한 묘역이었다. 그곳엔 길 건너 새 묘역으로 '옮겨진' 130여 희생자 분묘들의 파헤쳐진 흔적과 함께 적지 않은 '민주 열사'들의 무덤들이 남아 있었다. 광주 항쟁의 정신을 계승하여 '미군 철수'와 '민족 통일'을 외치

며 산화한 김의기, 김세진, 조성만 등 1980-90년대 열사들의 무덤들이었다. 다른 동지들의 유해가 길 건너편 새 집으로 이사갈 때 이들은 단지 1980년 5·18 당시 희생자가 아니란 이유로 그곳에 '버려지듯' 남게 되었는데 아

▲ 무장항쟁군상

무래도 내 눈에는 5·18 항쟁 희생자들의 영혼도 자기 뼈를 따라 새 묘역으로 이주하지 않고 흙이 된 살과 함께 이곳에 남아 있어 후배 열사들과 함께 옛 묘역을 지키고 있는 것 같다.

무덤에서 듣는 이야기
- 양림동 선교사 묘역 -

바른 믿음을 가지려 노력하는 이들이 물질과 환경의 여유보다 믿음과 마음의 여유에서 만들어진 문화와 그 유적을 즐겨 찾는 이유가 여기 있습니다. 그런 면에서 전라도는 그런 믿음의 여유에서 나온 유적이 많이 남아 있는 곳입니다. 우선 지리적 환경에서도 전라도 땅은 다른 경상도나 강원도에 비해 훨씬 풍요롭고 여유가 있는 곳입니다. 바다와 강에 물이 풍부하고 너른 평야에 곡식도 잘 자라 다른 지역에 비해 살림살이가 그래도 넉넉한 곳입니다. 그런데 그런 여유 있는 환경이 오히려 전라도 토박이들에겐 고난과 역경의 삶의 원인이 되었습니다. 그 풍요로운 물질을 탈취하고 수탈하려는 권력의 희생자가 된 것입니다. 봉건적 조선시대엔 양반과 중앙정부에서 파견된 탐관오리 때문에, 그리고 일제시대엔 토지를 강탈한 일본인 지주와 총독부의 수탈정책 때문에 남도 땅은 빼앗기고 놀린 사람들의 눈물과 '한'(恨)이 멈출 날이 없었습니다. 특히 조선시대와 한말 정치적 유배지로 알려진 전라남도 땅을 답사하면서 이런 한과 아픔의 흔적들을 쉽게 만날 수 있습니다.

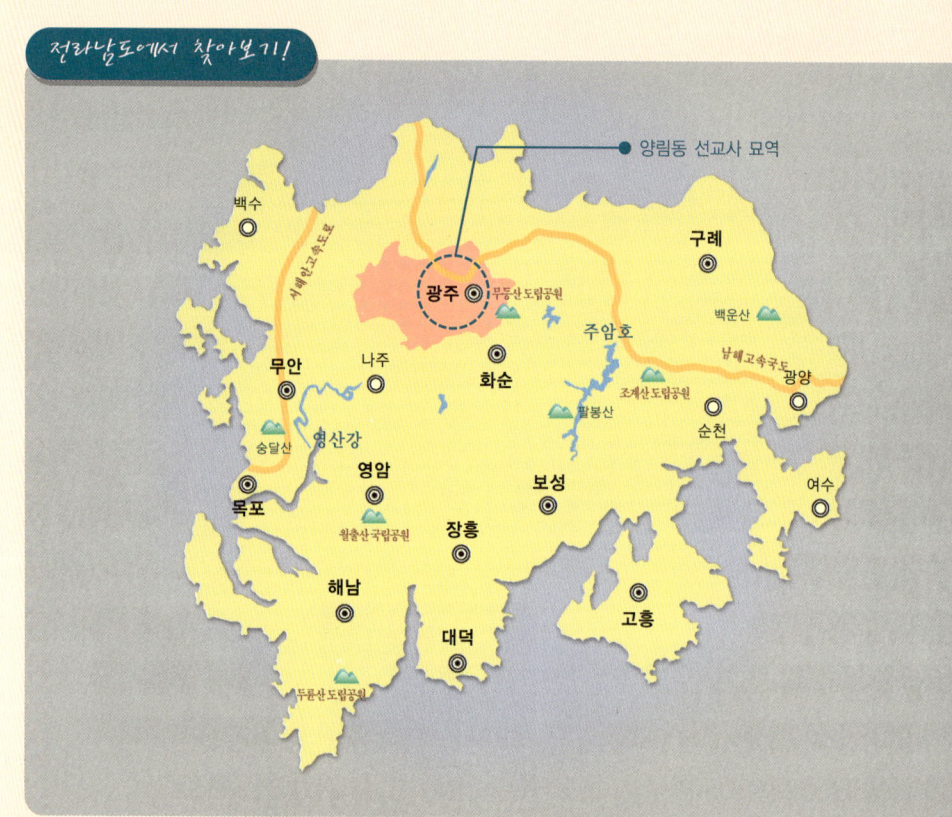

광주 선교와 남도 영성 이야기 #03

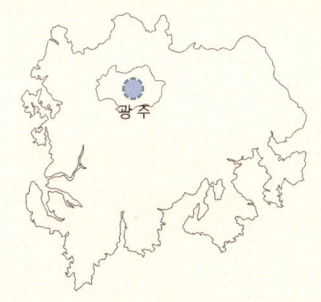

무덤에서 듣는 이야기
- 양림동 선교사 묘역

◎◎과거는 현재에게 할 말이 많은 법이다. 어린 손주를 무릎 위에 앉혀 놓고 옛날이야기 들려주는 할머니처럼 해주고 싶은 이야기가 많다. 노인이 말이 많은 이유도 거기에 있다. 그러기에 답사는 옛날을 기억하는 어른들과 함께 하는 것이 좋다. 노인들만 이야기하는 것이 아니다. 백년 세월을 버텨 온 낡은 '양관'(洋館)에는 하고 싶은 이야기들로 가득 차 있다. 그리고 무엇보다 많은 이야기를 들을 수 있는 곳이 무덤이다. 답사를 하면서 옛 사람들의 무덤을 찾으면 항상 느끼는 것이, 시체는 말없이 땅 속에 누워 있지만 무덤 위로 김처럼 솔솔 새어 나오는 이야기 속에서 느끼는 부활의 신비다. 말씀이 육신 되심이 탄생이라면 죽음은 육신이 다시 말씀 되심이 아닌가? 그런 면에서 무덤은 죽음 이후 부활을 기다리는 이야기 창고다. 그러기에 무덤에서 산 사람은 침묵해야 한다. 그래야 무덤의 주인들이 들려주는 이야기가 귀에 들어오기 때문이다. 유

적지 답사에서 무덤 순례가 빠지지 않는 이유가 여기에 있다.

양림동 언덕 '양관'과 '선교사 묘지 동산'을 찾는 목적도 마찬가지다.

선교 기념비와 윌슨 사택

광주의 '구경거리' 오웬기념각에서 나와 양림동 언덕 쪽으로 난 가운데 길로 들어서 20여 미터 정도 오르면 계명여성사회복지관이 나오고 이것을 끼고 오른쪽 길로 올라가면 벨과 오웬의 사택이 있던 언덕에 광주 시립 사직도서관과 광주시 여성회관이

▲ 선교사 양관이 있던 언덕에 새로지은 사직도서관과 여성회관

자리 잡고 있다. 광주 선교가 시작된 곳이다. 그것을 기념하여 도서관 아래 길가에 1982년 전남노회가 세운 자연석 〈선교 기념비〉가 있다. 기념비가 1904년 성탄절에 처음 예배를 드렸던 언덕에서 한참 비켜나 길가에 세워진 연유가 궁금했다. 광

▲ 벨의 사택자리에 세워진 광주선교기념비

주 선교부 재단 서기와 전남노회장을 역임한 김두현 장로의 설명이다.

"본시 여그 언덕 일대는 선교부 땅이었는디 시에서는 양림동 일대를 공원부지로 지정헐라고 혔어라. 근디 선교부에서 백운동에 있던 호남신학교를 여그 양림동 언덕으로 옮길려고 허는디 공원부지가 되면 학교 건물을 지을 수 없응께 시에다가 땅 6천 평을 줄 테니 집을 지을 수 있도록 일반녹지로 지정혀달라고 요청헌 것이제. 그대로 되아서 시에서는 무상으로 기증 받은 이곳에 도서관과 여성회관을 지었제. 그 후에 나가 전남노회장헐 적인디, 광주 선교 기념비럴 세울려고 허는디 처음 예배를 드렸던 벨 목사 사택 자리

▲ 윌슨 사택

넌 이미 시의 소유가 되어버린 것이여. 결국 시에다 부탁을 혀서 언덕 비탈 한 귀퉁에 기념비를 세웠지라."

1975년 백운동에 있던 호남신학교(현 호남신학대학교)가 이곳으로 옮겨오면서 시 당국과 '거래'한 결과 광주 '선교 요람'은 광주시 소유가 되었고 그 때문에 선교 기념비는 남의 땅에 세워졌다.

선교비를 둘러보고 되돌아 내려와 계명여성복지관 앞에서 다시 가운데 길로 올라가면 호남신학대학교로 연결된다. 그런데 호남신학대학교로 가기 전에 왼쪽 골목길로 10여 미터 들어가면 숲 속에 별장 같은 '양관'이 나온다. 광주시 기념물 제15호로 지정된 '우일선 선교사 사택'이다. 안내판에는 이 건물이 "미국인 선교사 우일선에 의해 1920년대에 지었다."고 기록하고 있지만 사실과 다르다. 우일선은 1908년에 내한해서 광주 제중병원(현 광주 기독병원) 의사로 1925년까지 있다가 순천으로 가서 활동했던 윌슨(R.M. Wilson) 선교사를 말한다. 벨의 1909년 선교보고는 이미 양림동 언덕에 자신과 오웬의 주택 외에도 윌슨과 코잇, 프레스턴 등의 사택이 마련되었음을 밝히고 있어 이 집의 건축 연대가 1908-9년경이었음을 알 수 있다.(Annual Report of Kwangju Station, 1909, 51쪽). 그런 점에서 안내판의 "광주에서 가장 오래된 서양식 주택"이란 기록은 맞다.

  윌슨 사택은 지하실과 다락을 갖춘 2층짜리 벽돌 건물로 정사각형 형태를 취하고 있다. 1천여 평 넓은 대지에 1백여 평되는 건물 바깥벽은 회색 벽돌로 쌓고 아치형 창틀로 장식한 후, 현관 위로 2층 발코니를 붙인 전형적인 미국 남부 주택이다. 사진으로만 남아 있는 벨의 사택과 비교해 볼 때 지붕이나 창문, 벽면 처리에서 보다 더 서양 건축 양식에 충실한 건축물임을 알 수 있다. 지붕과 외벽을 수리해서 그런지 밖에서 보면 깨끗한 느낌인데 안으로 들어가면 나이를 속일 수 없는 노인처럼 여기 저기 손볼 데가 많다. 얼마 전까지 전남노회가 사무실로 사용하였는데 외져서 도둑이 자주 들고, 내부가 낡아 유지하기가 어려워 최근 시내 쪽에 새 사무실을 마련해 나간다니 걱정이다. 비워 두면 지금보다 더욱 쇠락해질 것은 뻔하다. 다른 문화재와 달리 건물 문화재는 써야 건강을 유지할 수 있기 때문이다.

답답한 마음으로 양관을 나와 언덕길을 오르면 광주시와 '땅 거래'를 하고 이곳에 들어와 여기 있던 '양관'을 헐고 아파트형 학교 건물을 짓고 자리 잡은 호남신학대학에 이른다. 학교 운동장을 돌아 언덕으로 오른다. 거기 선교사 묘지 동산이 있기 때문이다.

양림동 선교사 묘지 동산

양림동 선교사 묘지에는 본래 광주에서 활동하다 죽은 선교사들만 묻혔는데 1979년 순천과 목포에 있던 선교 부지를 정리할 때 그곳에 있던 무덤들을 이곳으로 옮겨오면서 묘역이 배 이상 늘어났다. 묘역은 'ㄴ'자 형태로 되어 있는데 가운데 모서리 쪽으로 광주 선교사들이, 서쪽 날개 쪽으로 순천 선교사들이, 남쪽 날

▲ 선교사 묘역

개 쪽으로 목포 선교사들이 각각 묻혀 있다. 이제 죽은 사람들의 이야기를 들을 차례다. 호남신학대학에서 울타리를 두르고 붙여 놓은 "이곳은 선교사 묘역이니 엄숙한 분위기를 지켜 달라."는 내용의 팻말이 아니더라도 무덤 순례는 엄숙할 수밖에 없다.

양림동 무덤 순례는 묘지 동산 제일 앞머리 오른쪽에 있는 폴 크레인(Paul S. Crane, 구바울)의 무덤에서 시작된다. 폴 크레인은 순천에서 활동하면서 평양신학교 조직신학 교수로도 봉직했던 존 크레인(John C. Crane, 구례인)의 한 살 아래 동생이다. 형

▲ 크레인 무덤

무덤에서 듣는 이야기 | 양림동 선교사 묘역   **69**

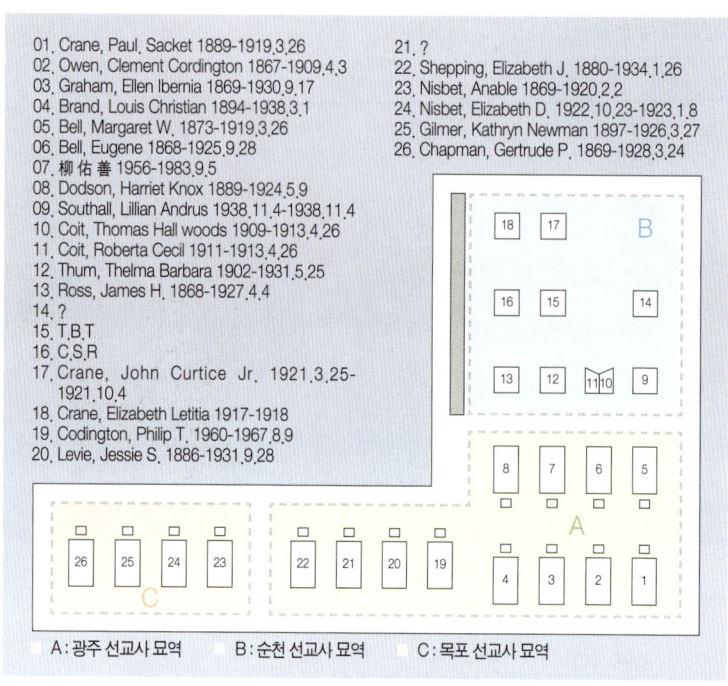

▲ 양림동 선교사 묘지 동산에 묻힌 이들

과 함께 미국 버지니아 유니언신학교 재학 시절 휴가차 귀국한 선교사 포사이드(W.H. Forsythe)의 강연을 듣고 한국 선교를 결심하였다. 형보다 2년 늦은 1916년에 내한, 목포에서 활동을 시작했으나 1919년 3월 26일 오전 9시, 자동차 사고로 그의 선교는 3년 만에 끝났다. 그때 그의 나이 서른이었다.(J.S. Nisbet, "Rev. Paul S. Crane", The Korea Mission Field, May, 1919, 106-107쪽).

그날 자동차 사고로 희생된 선교사는 그 말고 또 있다. 3·1운동으로 전국이 만세 소용돌이에 휩싸였던 그해 3월 말에 남장로회 선교부 소속 스미스(E.W. Smith) 박사가 방한하였는데 그를 환영하는 집회가 서울에서 3월 21일 열렸다. 바로 이 집회에 참석했던 남장로회 선교사 중 일부가 벨(E. Bell)이 새로

▲ 마가렛벨 무덤

구입한 '빅크'(Buick) 승용차를 타고 내려오다가 수원을 지나 병점(餠店) 건널목에서 승용차가 '남행열차'에 받히는 사고를 당한 것이다. 그 차에는 크레인 외에 운전을 하던 벨과 그의 부인, 그리고 광주 선교사 녹스(R. Knox)가 타고 있었는데 벨 부인과 크레인은 현장에서 즉사하고 녹스는 중상을 입었다.(H.H. Underwood, "A Serious Automobile Accident", The Korea Mission Field, May, 1919, 100–102쪽).

크레인의 무덤 바로 뒤에는 그날 사건으로 함께 희생된 벨 부인, 마가렛(Margaret W. Bull)의 무덤이 있다. 그는 광주 선교 개척자 벨의 두 번째 부인이었다(1901년 별세한 벨의 첫 번째 부인 [Charlotte I. Witherspoon]은 서울 양화진 외국인 묘지에 묻혀 있다). 마가렛은 벨의 친구이자 전주에서 활동하던 불(William F. Bull)의 여동생이기도 했다. 1902년 가을, 어머니와 함께 오빠를 보러 한국에 왔다가 '홀아비' 상태로 있던 벨을 만났는데 그 만남

▲ 오웬 무덤

이 1904년 결혼으로 연결되었다. 전형적인 버지니아 여인으로 음악에 재능이 많았던 그는 한국 부인들에게 인기가 높았는데 남편이 새로 구입한 차를 타고 내려오다가 그만 희생된 것이다.(J.F. Preston "Mrs. Margaret Whitaker Bell", The Korea Mission Field, May, 1919, 105-106쪽). 그때 그의 나이 마흔 여섯이었다. 이 사고로 벨은 재판정에 서야 했으며 무엇보다 '아내와 동료를 죽인 죄책감'으로 평생 괴로워하였다. 1921년 군산에서 활동하던 다이사트(Julia Dysart)를 세 번째 아내로 맞았지만 4년 후 1925년 나이 쉰일곱으로 별세하여 두 번째 부인 곁에 묻혔다. 장식 없는 묘비가 더욱 쓸쓸하다.

반면에 벨의 무덤 앞에 있는 오웬(C.C. Owen)의 대리석 묘비는 어른 크기만한 사각 기둥 탑신에 다락 지붕을 씌운 독특한 양식으로 크기나 모양, 비석의 재료에 있어 양림동 묘지 동산에서 가장 화려하다. 그는 벨과 함께 목포·광주 선교를 개척하였고 1909년 순천으로 순회 전도 나갔다가 폐렴에 걸려 마흔둘 나이로

▲ 그레이엄 무덤

별세하여 양림동 언덕에 처음 묻힌 선교사가 되었다.(J.F. Preston, "In Memorium", The Korea Mission Field, Jul., 1909, 122쪽). 그의 무덤에서 언덕 아래로 내려다보면 그를 기념하여 지은 오웬기념각이 잘 보인다.

양림동의 처녀와 애기 무덤들

오웬 무덤 옆으로 1930년에 별세한 독신 여선교사 그레이엄(Ella I. Graham, 엄언라)의 무덤이 있다. 1907년 선교사로서는 늦은 나이인 서른여덟에 내한해서 수피아여학교에서 학생들을 가르쳤고 지방 여성 선교사업도 지도했다. 그는 건강이 악화되어 미국으로 가서 요양을 하다가 회복이 어려운 것을 알고 '한국 땅에 묻히기 위해' 다시 광주로 나와 소원대로 이곳에 묻혔다. 그의 유언대로 장례식 순서는 선교사들과 한국인들이 반반씩 나누어 하였다.(R. Knox, "Miss Ella Ibernia Graham", The Korea Mission Field, Sep., 1931, 192-193쪽). 그레이엄 무덤 옆으로 1938년 별세한 의사 브랜드(L.C. Brand, 부란도)의 무덤이 있다. 1924년 내한해서 군산을 거

▲ 우유선 무덤, 선교사묘역의 유일한 한국인 무덤이다.

쳐 1930년부터 광주 제중병원에서 일하였는데, 그는 결핵 전문의로 병원 안에 결핵 병동을 짓고 결핵 퇴치 운동을 전개하던 중 그 자신이 결핵에 걸려 마흔넷 나이로 별세하였다.(L.T. Newland, "Louis Christian Brand", The Korea Mission Field, Jun., 1938, 114–115쪽).

브랜드 무덤 뒤쪽으로 1924년 별세한 닷슨 부인(Harriet O. Knox)의 무덤이 있다. 그는 광주 제중병원에 있던 윌슨 부인(Elizabeth Knox)의 동생으로 1921년 내한해서 광주 선교사 자녀들을 가르치다가 이듬해 닷슨(Samuel K. Dodson)과 결혼했다. 그러나 결혼 3년 만에 서른다섯 나이로 별세하였으니 언니 따라 한국에 왔다가 꿈도 펴 보지 못하고 사라진 셈이다.

닷슨 부인과 벨의 무덤 사이에 이곳의 유일한 '비외국인', 즉 한국인 무덤이 있다. 묘비엔 "文化柳氏 佑善之墓"라 쓰여 있다. "1956년 출생. 1983년 9월 5일 별세." 묘비엔 그의 큰아버지(柳志仁)와 동생(柳尚善)의 이름이 새겨져 있다. 유우선, 그는 누구인가? 김두현 장로의 증언이다.

"잘은 모르것지만, 여그 헌트리 목사님이라구 계셨는디 한국 이름은 허철선이라고 허지라. 이분이 여학생 하나를 선발혀서 미국에 유학을 보냈는디, 그 학생이 미국인 하숙집 수영장에서 수영을 허다가 그만 심장마비로 죽었지라. 헌트리 목사 맴이 을매나 아팠겄어라? 그랑께 미국에서부텀 여그까지 시체로 가져 와서 선교사 묘지에 묻은 거라."

선교사 추천을 받아 꿈을 안고 미국으로 갔다가 시체가 되어 돌아온 스물일곱 살 처녀의 무덤이었다.

그 말고도 '물에 빠져 죽은 아이' 무덤이 또 하나 있다. 묘역의 남쪽 날개 첫 번째 있는 코딩턴(Philip T. Codington)의 무덤이다. 1947년 내한해서 목포와 광주에서 활동했던 허버트 코딩턴(Herbert A. Codington, 고허번)의 다섯째 아들로 광주에서 태어나 1967년 8월 9일 대천 해수욕장에서 익사하였다. 당시 일곱 살이었다.

코딩턴 무덤 옆으로 1931년 별세한 레비 부인, 제시(Jessie S. Levie)의 무덤이 있다. 남편(James K. Levie, 여계남)과 함께 1922년 내한해서 군산을 거쳐 광주에서 활동하다가 마흔다섯에 별세하였다. 다시 그 옆으로 무덤이 하나 있는데 주인을 알 수 없다. 비석이 있기는 한데 글씨가 마모되어 읽을 수 없고 단지 "령혼이 살아셔 예수로 더브러 왕노릇하리라."는 성경 구절만 어렴풋하다.

이 무덤 옆으로 광주의 전설적인 여선교사 셰핑(Elisabeth J. Shepping, 서서평)의 무덤이 있다. 독일 가톨릭 집안 출신으로 세 살 때 아버지를 잃고 열한 살 때 어머니가 있는 미국으로 건너 가 장로교로 개종한 후 뉴욕에서 이탈리아 이민수용소, 유대인 요양소에서 봉사 활동을 하다가 1912년 내한했다. 처음엔 서울 세브란스 병원 간호사로 근무하였는데 1919년 3·1운동 때 부상당한 한국인들을 치료하면서 한국인들의 아픔을 깊이 동정하게 되었고 '병점 건널목' 자동차 사고 현장에서 중상을 입은 녹스를 간호하기도 했다. 이 사건 이후 광주로 옮겨 별세하기까지 제중병원에서 일하면서 많은 간호학 관계 서적을 번역 출판하고 1923년 한국에서 처음으로 간호협회를 창설하여 한국 간호사(看護史)에서 빼놓을 수 없는 위치를 차지하게 되었다.

그는 또한 1922년 전도부인 양성을 위한 이

▲ 셰핑 무덤

일학교를 설립하였고 오늘의 여전도회 전신인 부인조력회(婦人助力會)를 창설하였으며 기독교여자절제회 창설에도 주도적인 역할을 하였다. 구제 사업에도 남다른 열정을 보여 많은 고아와 나환자들을 '자식처럼' 데려다 길렀는데 이렇게 해서 얻은 양딸이 열셋이나 되었다. 성격이 급하고 괄괄하여 '여걸 선교사', '드보라 선교사', '치마 입은 남전사(男戰士)'란 칭호를 받았으며 모든 면에서 성경대로 살려고 고집한 '외골수 선교사'였다. 동료 선교사나 남성 목회자들에겐 별로 인기가 없었으나 여성들과 가난하고 소외된 이들에겐 '자애스런 어머니'였다.(백춘성, 『천국에서 만납시다:서서평 전기』, 대한간호협회, 1980). 1934년 6월 26일 53세를 일기로 별세하고 그의 장기는 유언대로 의학 실험용으로 기증되었으며 장례식은 오웬기념각에서 '사회장'(社會葬)으로 엄수되었는데 광주에서는 처음 보는 사회장이었다.(Mrs. M.B. Knox and Mrs. E.E. Talmage, "Miss E.J. Shepping-An Appreciation", The Korea Mission Field, Oct., 1934, 218-219쪽).

목포와 순천에서 이사 온 무덤들

셰핑 무덤 옆으로 목포 양동에서 옮겨 온 무덤들이 있다. 우선 1920년 별세한 니스벳 부인, 애나벨(Anabel L. Nisbet, 류애나)의 무덤이다. 1906년 남편(John S. Nisbet, 류서백)과 함께 내한해서 전주를 거쳐 목포에서 정명여학교 교장으로 8년 동안 봉직하다가 나이 쉰하나에 별세했다. 한 시간에 책 한 권을 독파할 수 있는 뛰어난 독서력을 지닌 그는 한국인들에게 친절하였다. 그가 정명여학교 교장으로 있을 때 3·1운동이 일어났다. 학생들은 일경의 감시를 피해 그의 사무실에서 태극기를 그렸는데 시위 당일

▲ 목포에서 옮겨온 무덤들

▲ 니스벳 부인의 무덤

몰려 나가는 학생들을 몸으로 막으려다가 밀려 넘어진 것이 그만 치명적인 병이 되어 회복되지 못하고 1년 만에 별세했다. "교쟝 류애나 묘"라 새긴 화강암 묘비는 영어가 한 자도 없어 양림동 유일의 한글 비석으로 더욱 정이 간다. 니스벳 부인 옆에는 니스벳의 두 번째 부인(Elizabeth Walker)에게서 난 딸, 엘리자벳(Elizabeth D. Nisbet)의 무덤이 있다. 태어난 지 3개월 만인 1923년 1월에 죽었다.

 아기 니스벳 무덤 옆으로 1926년 별세한 길머 부인, 캐스린(Kathryn N. Gilmer)의 무덤이 있다. 1923년 독신으로 내한해서 목포에서 선교사 자녀들을 가르치다가 의사인 길머(William P. Gilmer, 길마)와 결혼한 지 1년 만에 나이 스물아홉으로 별세하였다. 길머 부인 옆으로 1928년 별세한 채프먼 부인(Gertrude P. Chapman) 무덤이 있다. 그런데 이는 선교사가 아니다. 목포에서 선교사로 활동 중이던 조카 휴슨(G.F. Hewson)을 만나러 왔다가 이곳에 묻혔다.

 순천 매산동에서 옮겨온 무덤들은 광주 선교사들 무덤 뒤쪽에 세 줄로 나란히 있다. 첫 번째 줄 제일 왼쪽에 1927년 별세한 로스

▲ 순천에서 옮겨온 무덤

부인(Cora S. Ross)의 무덤이 있다. 그런데 로스 부인도 앞서 목포의 채프먼 부인의 경우처럼 딸을 보러 왔다가 죽었다. 그의 딸은 순천 안력산병원에 있던 로저스 부인(Mary D. Ross Rogers)이었다. 채프먼 부인이나 로스 부인이 한국에 왔을 때 나이는 쉰아홉으로 긴 여행에 피로가 겹쳐 이국땅에서 숨을 거둔 것이다.

"그만큼 한국은 목숨을 걸고 와야 하는 '먼 곳'이었제."

김두현 장로의 설명이 조사처럼 들렸다.

로스 부인 무덤 옆으로 1931년 별세한 덤(Thelma B. Thum)의 무덤이 있다. 1930년 내한해서 순천 안력산병원 간호사로 근무하다가 1년 만에 나이 스물아홉으로 별세하였다. 홍역에 걸린 아이를 돌보다가 자신이 그 병에 걸려 뇌염으로 희생된 것이다.("In Memory of Miss Thelma Thumm", The Korea Mission Field, Oct., 1931, 221-222쪽).

덤의 무덤 옆으로 색다른 묘비가 있다. 마치 책을 펴서 세워 놓은 것 같기도 하고 모세의 십계명 돌 판을 세워 놓은 것 같기도 한데 코잇트 형제의 무덤이다. 이들의 아버지(Robert T. Coit, 고라복)는 1907년에 내한해서 광주를 거쳐 1913년 4월 순천으로 임지를

▲ 코잇트 형제 무덤

옮겼는데 아직 주택이 마련되지 않아 임시 거처에서 머물던 중 두 아들이 이질에 걸려 하루 사이로 죽었다. 형(Thomas)은 네 살, 동생(Roberta)은 두 살이었다. 다시 그 옆에 작은 묘비는 1938년 11월 4일, 태어난 지 하루 만에 죽은 릴리언(Lillian A. Southall)의 무덤이다. 1938년 내한한 사우솔(Thomas B. Southall, 서도열) 부부의 첫째 아이였는데 어머니(Lillian H. Crane)는 순천 선교사 크레인(John C. Crane)의 딸로 순천에서 태어난 '2세 선교사'였다.

두 번째 줄에는 '익명의' 무덤 세 개가 있다. 벽돌 만한 왼쪽 두 개에는 "C.S.R.", "T.B.T."라고 영문 머리글자만 새겨져 있어 어려서 죽은 선교사 자녀들 것이 분명하다. 오른쪽 끝에는 묘비명조차 없는 돌 판 하나만 있을 뿐이다. 셋째 줄에 있는 작은 묘비 두 개는 크레인(John C. Crane)의 두 아이 것이다. 왼쪽 것은 1918년에 죽은 한 살짜리 딸(Elizabeth Letitia)의 것이고 그 오른쪽은 1921년 태어난 지 7개월 만에 죽은 아들(John Curtice Jr.)의 것이다.

'애장터'의 깊은 한

광주 민주화운동 희생가들이 묻힌 '5 · 18 국립묘지' 처럼, 사연 많고 눈물겹기는 양림동 선교사 무덤들도 마찬가지였다. 교통사고로 죽은 사람, 풍토병에 걸려 죽은 사람, 물에 빠져 죽은 사람, 자식 보러 왔다가 죽은 사람, 결혼 1년 만에 죽은 신부, 돌림병으로 하루 사이로 죽은 형제, 세 달 살다 죽은 아이, 죽어서 태어난 아기…. 어느 무덤 하나 아픔이 없는 것이 없다. 하나 같이 고향 떠난 나그네들의 무덤이다. 거기에다 아픔이 담긴 죽음의 주인공들이다. 자신의 운전 미숙으로 교통사고를 내, 죽은 아내를 이곳에 묻었던 벨은 죽어서도 그 아내 곁에 누워 용서를 비는 것 같고, 형 따라 한국에 왔다가 삼년 만에 교통사고로 죽은 크레인은 어린 두 조카와 조카 외손자를 보듬어 안고 있는 듯 애처롭다.

"유달리 아이들 무덤에 마음이 아프네요."

"선교사덜이 들어오기 전, 여그가 애장터라 혔다잖소? 애가 죽으면 갖다 버리는 곳 말이요."

세월 따라 땅 주인은 바뀌어도 땅에 심긴 깊은 한(恨)은 뽑힐 수 없나 보다.

뒷이야기

　◎◎광주 선교사 묘역은 서울 양화진 외국인 묘지와 인천 청학동 외국인 묘지 다음으로 잘 정리되어 있다. 선교사들이 떠난 후에도 호남신학대학교에서 울타리를 두르고 철따라 벌초를 하는 등 관리에 신경을 쓰고 있다. 특히 호남지역 교회사 연구의 대표적인 학자 차종순 교수가 2004년 호남신학대학교 총장으로 부임한 이후 선교사 묘역이 깨끗하게 정비되었을 뿐 아니라 학교 아래 있는 윌슨 사택까지 말끔하게 단장하여 교회사 유적 답사의 모범적인 환경으로 만들었다.

양림동 호랑가시나무
- 조아라와 수피아여학교 -

바른 믿음을 가지려 노력하는 이들이 물질과 환경의 여유보다 믿음과 마음의 여유에서 만들어진 문화와 그 유적을 즐겨 찾는 이유가 여기 있습니다. 그런 면에서 전라도는 그런 믿음의 여유에서 나온 유적이 많이 남아 있는 곳입니다. 우선 지리적 환경에서도 전라도 땅은 다른 경상도나 강원도에 비해 훨씬 풍요롭고 여유가 있는 곳입니다. 바다와 강에 물이 풍부하고 너른 평야에 곡식도 잘 자라 다른 지역에 비해 살림살이가 그래도 넉넉한 곳입니다. 그런데 그런 여유 있는 환경이 오히려 전라도 토박이들에겐 고난과 역경의 삶의 원인이 되었습니다. 그 풍요로운 물질을 탈취하려는 권력의 희생자가 된 것입니다. 봉건적 조선시대엔 양반과 중앙정부에서 파견된 탐관오리 때문에, 그리고 일제시대엔 토지를 강탈한 일본인 지주와 총독부의 수탈정책 때문에 남도 땅은 빼앗기고 눌린 사람들의 눈물과 '한(恨)'이 빚을 날이 없었습니다. 특히 조선시대와 한말 정치적 유배지로 알려진 전라남도 땅을 답사하면서 이런 한과 아픔의 흔적들을 쉽게 만날 수 있습니다.

광주 선교와 남도 영성 이야기 #04

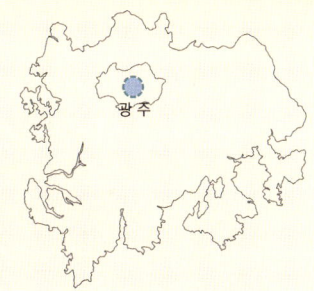

양림동 호랑가시나무
- 조아라와 수피아여학교

양림동 선교사 무덤 동산을 둘러보고 오른쪽 언덕길로 내려오면 선교사들이 저녁 산책을 즐겼던 오솔길이 나온다. 그 길을 따라 가다 보면 숲 속으로 해방 후에 지은 선교사 사택들이 여기 저기 보이고 그 길이 끝날 때쯤이면 수피아여학교 북쪽 쪽문에 이른다. 양림동에 살던 수피아 선교사 선생들과 길 건너 제중원(현 광주기독병원) 의사들만 출입할 수 있었던 문이다. 학생들이 출입하던 정문은 남쪽 담에 있었다. 쪽문으로 수피아로 들어가기 전 잠깐 숨을 돌리며 볼 것이 있다. 선교사 마을을 수문장처럼 지키고 있는 호랑가시나무다.

호랑가시나무는 전라도 남해안과 제주도 서해안에 자생하는 상록수로 가지를 많이 치며 잎에 윤기가 흐른다. 6각형 잎 가장자리로 10-20여 개 가시가 톱니처럼 나 있어 "호랑이 발톱", "호랑이 등 긁기"로도 불린다. 4월 하순부터 5월 상순까지 우산처럼 위로

▲ 호랑가시나무

부터 아래로 하얗게 무리 지어 피는 꽃차례도 아름답지만 10월 하순 푸른 잎사귀 사이로 소담스럽게 열리는 주홍색 열매들도 일품이다. 그래서 정원 관상수나 울타리용으로 많이 심었다. 본래 키가 야트막한 교목(喬木)인데 양림동 호랑가시나무는 수령 350년에 키가 6미터에 이르는데 광주시 기념물 17호로 보호를 받고 있다.

이 나무는 선교사들이 이 동네에 들어오기 훨씬 전, 조선시대 이곳이 '애장터' 공동묘지로 쓰이던 때부터 자기 자리를 지켜 온 양림동 '지킴이'인 셈이다. 한말 선교사들이 들어와서 심었다는 밤나무와 은행나무, 일제시대 집중적으로 심었던 아카시아와 벚나무같이 키도 훨씬 크고 꽃도 요란하게 피는 '외래' 나무들 사이에서 외롭게 자기 자리를 지켜 온 '토종' 나무라서 그런지 정이 간다. 아담한 키에 사철 푸름을 잃지 않고, 가까이 다가와 보는 것까지는 허락하지만 가지를 꺾으려고 손을 대면 여지없이 '호랑이 가시'로 찔러 물리치는 앙칼스러움이 정절을 생명처럼 소중히 여겼던 '조

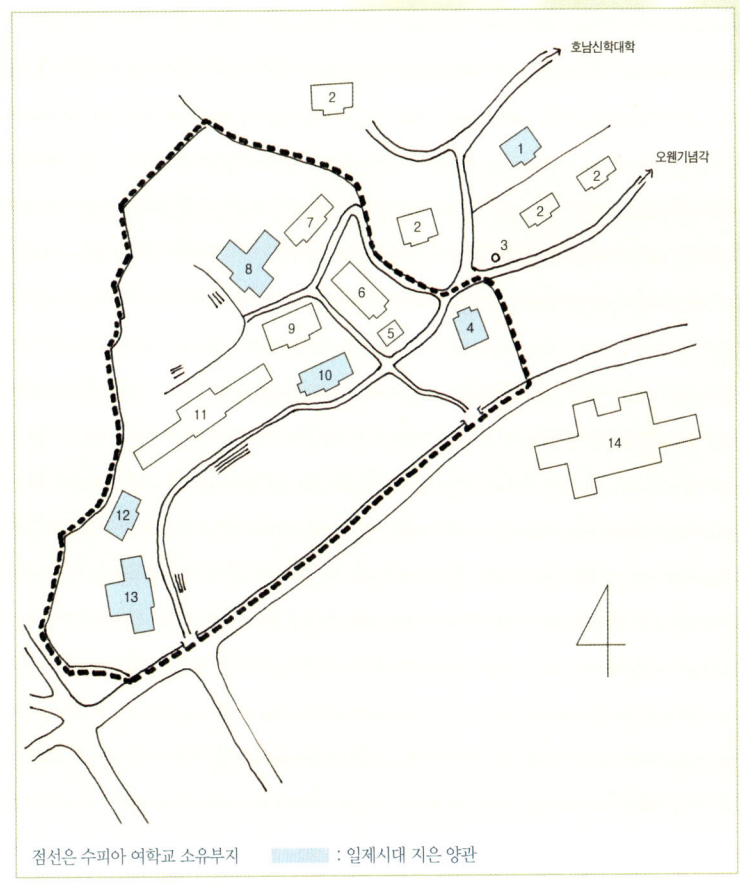

▲ 양림동 수피아여학교

1.윌슨 사택 2.해방 후 지은 선교사 사택 3.호랑가시나무 4.벨기념예배당 5.광주3·1만세운동 기념동상 6.대강당 7.기숙사 8.수피아홀 9.유화례기념도서관 10.우천체육관 11.고등학교 본관 12.별관 13.윈스보로홀(중학교 본관) 14.광주기독병원

▲ 호랑가시나무 잎사귀. 크리스마스 카드에서 많이 본 잎이다.

선 여인' 같아 더욱 애틋하다.

개발 바람에 밀려 동운동으로 이사 간 숭일학교와 달리 양림동 처음 자리에서 90년 세월을 지켜 온 수피아학교가 호랑가시나무 같다.(『수피아 구십년사』, 수피아여자중고등학교, 1998). 그 세월이 외세 침략과 지배로 인한 수난과 혼돈의 역사 속에서 민족혼을 지켜 온 것이기에 더욱 그렇다. 수피아 '양관'(洋館) 다섯 채가 그것을 증언한다.

벨기념예배당과 수피아홀

북쪽 쪽문으로 들어가면 제일 먼저 만나는 양관이 '벨기념예배당'(The Bell Memorial Chapel)이다. 아카시아 숲 속에 아담한 다락방 같은 이 예배당은 1925년에 별세한 광주 선교 개척자 벨(E. Bell)을 기념하여 지은 것이다. 머릿돌이 없어 정확한 건축 연도를 알 수 없지만 '건축 선교사' 스와인하트(M.L. Swinehart,

▲ 벨기념예배당

서로덕)가 1926년 숭일학교와 이일학교 교사 등 '여섯 채' 대공사를 할 때 함께 지은 것으로 추정된다. 지하실을 갖춘 단층 건물로 축소된 고딕 예배당 형태를 취하고 있으며 외벽을 회색 벽돌로 쌓았고 부분 아치로 창문을 장식했다. 가파르게 경사된 양철 지붕에는 양쪽에 세 개씩 모두 여섯 개 처마 쪽으로 굴뚝이 솟아 있다. 건물 전면 가운데 폭 3미터, 깊이 2미터 들여쌓기로 꾸미고 출입문을 양쪽으로 냈으며 위에 십자틀 원형 유리창을 냈다.

본래 이 예배당은 양림동에 살던 선교사들의 예배처로 마련된 것이었다. 선교사들은 한국인을 의식하지 않고 그들의 언어로 자유롭게(?) 예배드릴 수 있는 공간이 필요했다. 선교사들의 '영적' 재충

▲ 현판(벨)

▲ 수피아홀

전을 위한 예배와 기도를 위해 마련된 공간이었던 셈이다. 1층 예배실 외에 아래 지하실 공간은 개인 기도를 할 수 있는 쪽방들로 꾸며져 있다. 이곳에서 드려지던 '영어 예배'는 수피아 학생은 물론 한국인들은 참석할 수 없었고 간혹 양림동 선교부에서 일하는 직원들만 '구경꾼'으로 들어가 볼 수 있었다. 이런 선교사들의 '영어 예배'는 선교사 시대가 마감되는 1980년대 중반까지 계속되었고 그 후 수피아여학교에 넘겨져 현재 교목실에서 사용하고 있다.

벨기념예배당 앞에서 오른쪽 길로 대강당을 끼고 언덕으로 오르면 해방 후에 지은 흰색 기숙사 콘크리트 건물 옆으로 회색 벽돌 '양관'에 이른다. 학교 이름을 결정지은 '수피아홀'이다. 1908년 4월에 정식으로 시작된 여학교는 불과 1년 만에 14명 학생으로 늘어났다. 처음엔 자기 건물 없이 벨과 오웬의 사랑채를 빌어 수업을 하였는데 학생들이 40여 명으로 늘어나면서 별도 건물이 필요하여 선교사들이 '본국' 교회에 헌금 요청을 하였고 마침내 1910년 노스캐롤라이나 주 애슈빌에 살고 있던 스턴스(M.L. Stearns) 부인이 5천 달러를 보내 왔던 것이다. 북장로회 교인이던 스턴스 부인이 죽은 자기 여동생 스피어(Jennie Speer)를 기념하여 남장로회 선교사업에 보내 준 헌금이었다. 광주 선교사들은 이를 기념하여 건물 이름을 '수피아홀'(Speer Hall)이라 하였고 학교 이름도 '수피아여학교'(須彼亞女學校, Jennie Speer Memorial School for Girls)라 지어 붙였다.(J.D. Cumming, "The Jennie Speer Memorial School for Girls", The Korea Mission Field, Oct., 1926, 207-208쪽).

이렇게 해서 양림동 252번지 언덕 기슭에 자리잡은 '수피아홀'은 '윈스보로홀'이 건립되기까지 수피아의 유일한 교사였다. 해방 후에는 전남고등성경학교와 광주기독간호전문학교가 여기에서 출발하였고 지금도 고등학교 특별활동실로 사용하고 있다. 지하 1층에 다락을 갖춘 2층짜리 벽돌 건물로 건물 중앙에 현관을 내어 붙였고 같은 폭으로 뒤쪽 중앙에 건물을 길게 내어 붙여 공중에서 보면 건물 구조가 라틴 십자가 형태를 취하고 있다. 화강암 기초석 위에 회색 벽돌로 외벽을 쌓았는데 1층과 2층 사이의 허리 돌림(string course) 장식과 처마 모서리에 돌로 깎아 붙인 공포(拱包)

형태의 서까래 장식이 단조로운 고딕 건물에 변용의 멋을 더하고 있다. 처음엔 건물 1층은 기숙사로, 2층은 교실로 사용되다가 별도 기숙사가 마련된 후에는 1층도 교실로 사용되었다. 예배실과 창고가 있던 지하층은 건물 밖에서만 들어갈 수 있도록 되어 있다. 수피아를 안내하던 한덕선 장로는 지하로 통하는 문 앞에 멈추어 서더니 잠시 옛날을 회상하였다.

"어렸을 때 아버님 심부름으로 순사 몰래 이 문으로 들어가 유화례 선교사님께 달걀을 전해 드리곤 했지요."

유화례라면 수피아 역사에서 빼놓을 수 없는 루트(F. Root) 선교사를 말한다. 1927년 한국에 나와 1933년부터 수피아 교장이 되었다. 1935년 이후 일제가 기독교 사립학교에까지 신사참배를 강요하자 1937년 남장로회 선교부에서는 학교 폐쇄를 결의하였고 이에 따라 루트 교장은 1937년 9월 6일, "신사참배를 하더라도 학교는 유지하자."는 일부 교사들의 인솔로 광주 신사에 참배하고 돌아오는 학생들을 못 들어오게 교문을 걸어 잠그는 것으로 수피아를 폐교시켰다.

이 사건으로 선교사에 대한 일제의 감시는 더욱 삼엄해졌다. 1940년 11월 한국에 있던 선교사들이 '마리포사호'를 타고 떠날

때 광주 선교사들도 대부분 떠나고 루트와 닷슨(M. Dodson, 도마리아) 등 독신 여선교사 두 명과 선교부 재산 관리를 하던 탈미지(J.V.N. Talmage, 타마자) 부부만 남았다. 1941년 12월 태평양전쟁이 터지자 일제는 탈미지를 경찰서에 구금하고 여자 선교사들은 이곳 수피아홀에 연금하였다. 일제 당국의 양림동 선교부 재산 헌납 요구를 거부한 선교사들은 무려 5개월간 구금과 연금 상태로 지내다가 1942년 6월 '강제 추방' 형태로 한국을 떠났다. 여선교사들이 수피아홀에 연금되어 있는 동안 광주 교인들은 감시하는 경찰 몰래 달걀, 채소, 옷가지 등을 넣어 주었는데 그 일은 몸집이 작은 아이들 몫이었다. 어른이나 청년이 이곳을 드나들다 걸리면 영락없이 '스파이' 혐의로 체포되었다. 소심당(素心堂) 조아라(曺亞羅)가 대표적인 경우였다.

수피아 백청단사건

나주군 반남면 대안리 바닷가 마을에서 '매사에 성경 말씀대로만 살려고 했던' 매서인 조형률의 맏딸로 태어나 열 살 때 광주로 유학 온 후 아예 광주 사람이 된 조아라는 수피아 보통과를 거쳐 고등과 재학 시절 광주학생사건을 겪었고 그 이듬해(1930년), 수피아 학생들로 비밀결사 백청단(白靑團)을 조직했다.

"평양 출신 김성찬 선생님이라구 계셨는디 상해 임시정부 얘기를 들려주시곤 혔지라. 그걸 듣고 남덜은 해외에서 독립운동까지 허는디 우리만 가만있을 수 있느냐 혀서 단체를 만든 것이제."

'백의민족 청년들' 이란 뜻으로 '백청단' 이라 하였다. 철저하게 점 조직으로 되어 있어 누가 회원인지 알 수 없었고 다만 회원들은 은반지를 끼고 다녔기 때문에 그것으로 신분을 확인했다. 회원들은 항상 태극기를 몸에 지니고 다니다가 알아들을 만한 부인들에겐 태극기를 보여주며 독립정신을 고취시켰고 군자금을 모아 상해 임시정부에 보냈다. 그러다가 1932년 12월, 수피아 2년 후배(김수진)가 광주서중 학생들의 독서회 사건에 연루되어 조사를 받던 중 압수된 일기장에서

▲ 수피아 역사를 증언하는 조아라 장로(오른쪽)와 한덕선 장로

백청단 비밀이 탄로났다. 그 결과 단장 조아라를 비롯하여 '은반지'를 끼고 다니던 수피아 출신 18명이 체포되었다. 그래서 이 사건은 "수피아 은지환사건"으로도 불린다.

"그때가 1933년 1월 초순께여. 수피아를 졸업허고 이일학교 기초반 선생으로 있을 적인디 하루는 순사덜이 학교로 들이닥쳐 가자는 거여. 그때 한 살 배기 아이를 업고 끌려 갔지라. 추운 독방에서 지냈는디 아이를 안은 가슴 부분만 빼놓고 온몸이 얼어 을매나 아펐는지…."

기소유예로 두 달 만에 풀려나기는 했으나 그때 걸린 동상 후유증으로 평생 신경통과 부종으로 고생해야 했다. 이것이 그의 첫 번째 투옥이었다. 두 번째는 수피아가 폐교될 때(1937년) 동창회장으로 있으면서 선교사들의 폐교 입장을 지지했다는 이유로 당시 김필례 교장과 함께 체포되어 한 달 동안 고생한 것이었다. 그리고 1942년 봄 연금 상태인 선교사를 만났다는 이유로 그는 다시 체포되었다.

"두 번째로 끌려갔다 나온 후 애 아버지(이택규)와 같이 평양에 가서 신학을 공부허다가 1년도 못되아 1938년 평양 총회에서 신사참배를 가결허는 꼴을 보고는 때려치우고 내려왔는디 애 아버지는 경찰을 피해 다니다가 장질부사에 걸려 한 달 만에 돌아와 죽고 말었지. 스물 여섯에 과부가 되얏으니 앞날이 막막헌디 유화례 선생이 그걸 알고 비서로 채용해 준 것이제. 그랗게 선교사를 자주 만나는걸 알구 스파이라며 잡아간 것이제. 그때 유복자로 태어난 둘째 아이가 홍역을 하고 있었는디… 열이 펄펄 끓는 그 아이를 떼어 놓고 끌려가는디… 아이는 안 떨어지려고 허구….”

그 강한 조아라도 이 대목에선 눈물을 훔쳤다.

"아무리 조사를 혀봐야 뭐가 나와야제? 스무 이레 만에 풀어 주더군. 집에서 몸조리를 허구 있는디 선교사덜이 쫓겨 들어간다고 혀. 마지막 가시넌 모습이라두 봐야겠다며 양림동 언덕에 올라 몸을 숨기구 보니께 여선교사 세 분이서 누런 담요로 몸을 두르고 경찰에 둘러싸여 가시는디 자꾸만 수피아 쪽을 돌아 보시는기라. 그걸 보며 속으루 을매나 울었는지….”

루트(유화례) 선교사는 그때 광주를 떠나면서, "꼭 다시 곧 온다. 다시 와서 너와 일생을 같이 하리라.”고 다짐하였다고 한다. 그리고 그 약속대로 그는 1947년 다시 광주로 와서 수피아 교장을 다시 맡았고 6·25 때도 대사관으로부터 "선교사들은 즉각 떠나라.”는 지시가 있었음에도 "광주에 머무는 것이 하나님의 뜻이다.”며 피난을 거부하였다. 공산군이 광주에 들어오던 그날에야 이현필을 비롯한 동광원 사람들에게 떠밀려 화순으로 피신, 화학산 동굴 속에서 두 달을 지내기도 했다. 1960년 수피아 교장직에서 물러난 후에도 광주에 남아 교도소, 윤락여성 선교에 '자비량'으로 봉사하다가 1978년 여든다섯 노구로 미국으로 돌아가 1995년에 별세하였다.(유화례, "수피아와 나", 〈전남매일신문〉, 1975.5.7–6.7). 비록 "광주에 뼈를 묻겠다."던 그의 소원은 이루어지지 못했지만 버선 고무신에 치마저고리를 즐겨 입던 그의 모습은 광주 사람들 기억 속에 깊이 새겨져 있다. 그를 기억하는 수피아 동문들이 기금을 모아 1974년 건립한 '유화례기념도서관'이 '수피아홀' 바로 아래 있다.

생일 감사 헌금으로 지은 윈스보로홀

수피아의 두 번째 교사는 1927년 건립된 '윈스보로홀'(Winsborough Hall)이다. 3·1운동 직후 일제는 기독교계 사립학교 정비를 목적으로 '개정교육령'을 발표하여 학교 설립 요건을 엄격하게 규정하고 총독부 지정학교로 인가를 받도록 하였다. 인가를 받기 위해서는 교사 확장이 필요했다. 남장로회 선교부에서는 전라도에 고등과를 남녀 한 곳씩 두는데 남자는 전주 신흥학교에, 여자는 광주 수피아학교에 두기로 하고 인가받기 위해 새 교사를 짓기로 했다.

그렇게 해서 지은 것이 전주 신흥학교의 '리차드슨관'(The Lunsford Richardson Hall)과 광주 수피아의 '윈스보로홀'이다. 두 건물은 '건축 선교사' 스와인하트가 같은 설계도로 지은 것이기 때문에 일란성 쌍둥이처럼 똑같다. 그런데 '리차드슨관'은 1982년 화재로 소실되었고 '윈스보로홀'만 남았다. 지하 1층, 지상 2층, 총 건평 430평짜리 건물로 화강암 기초석 위에 붉은 벽돌로 벽을 쌓고 다락이 있는 지붕은 양철로 올렸다. 고딕·르네상스 혼합형 건

▲ 윈스보로홀에 달린 종

▲ 윈스보로홀

물인데 보일러 시설과 수세식 화장실이 구비된, 당시로는 최신식 건물이었다. 수피아가 폐교되고 선교사들이 떠난 후 '적산'(敵産)으로 처리된 이 건물은 광주의학전문학교(현 전남의대 전신)와 광주상업실습학교(현 광주상고 전신)가 사용한 적이 있으며 지금도 중학교 본관으로 사용할 만큼 건강하다.

  건축비는 미국 남장로회 여성들이 '생일 감사 헌금'(Birthday Offering) 1927년도 분을 보내 주어 충당했다. 미국 교회 부인들이 자기 생일 감사 헌금한 것을 모아 보내 준 것이었다. 그래서 이 모금운동에 주도적인 역할을 했던 윈스보로(W.C. Winsborough) 부인의 이름을 따 '윈스보로홀'이라 하였다. 미국 남장로회 부인조력회(The Woman's Auxiliary) 창설자이기도 한 윈스보로 부인은 1920년에 내한한 바 있는데 셰핑(Elisabeth J. Shepping, 서서평)에게 부인조력회를 소개하여 1922년 광주에서 부인조력회가 조직되는 계기를 만들어 주었다. 후에 여전도회로 발전하는 부인조력회는 남장로회 특유의 여성 선교 조직이었다. 민족주의 색채도 강했던 것이, 조력회가의 내용에서도 확인된다.

"무궁화 만발한 반도 강산에 / 이천만 민족 우리 택하사

주님의 복음을 전하시려고 / 우리 조력회 세웠다"

바로 이 노래 가사 때문에 일제말기 전도부인으로 활동하던 익산 두동교회 황윤애 권사가 일본 경찰에 체포되어 3개월 유치장 생활을 하였던 것이다.

미국 교회에서 보내 준 '생일 감사 헌금'이 모두 5만 9천 달러로 윈스보로홀 건축비 '10만원'을 충당하고 남아 별관과 강당까지 지었다. 200평 규모의 별관은 윈스보로홀 옆에 2층짜리 벽돌 건물로 음악실, 가사 실습실 등으로 사용되었고 다락방에는 오르간을 두어 수피아 출신은 누구나 오르간을 연주할 수 있도록 특별 수업을 받기도 했다.

별관 옆으로 1963년 녹스(R. Knox, 노라복) 선교사 사택을 헐고

▲ 별관

▲ 우천 체육관

그 자리에 지은 고등학교 본관 '아파트형' 콘크리트 건물이 이어지고 그 다음에 수피아의 마지막 '양관'으로 100평짜리 붉은 단층 건물이 있다. 강당 겸 우천 체육관으로 사용되던 건물인데 수피아 학생들은 이곳에서 선교사 선생들의 지도로 농구, 정구, 체조, 핸드볼 등 다양한 체육 활동을 하였다. 수피아를 비롯하여 군산 멜볼딘, 목포 정명, 순천 매산, 전주 기전 등 남장로회 선교부에서 경영하던 여학교에서 운동 팀을 만들어 매년 각 학교를 돌아가면서 경기를 하였는데 일제시대 여자들이 종아리를 내놓고 하는 운동 경기는 호기심 많은 남학생들의 좋은 볼거리였다. 당시에 조아라는 만능 선수로 인기가 높았다.

수피아 호랑가시나무

우천 체육관 옆으로 1994년 수피아 창립 90주년을 기념하여 수피아 동창회에서 지은 800평 규모의 현대식 대강당이 있다. 이때 조아라는 건축위원장으로 국내외 모금운동을 이끌었다. 그는 해방 이후 수피아 복교를 추진하였고 광주 여자기독교청년회 총무

▲ 수피아 창립90주년 대강당

로 다양한 사회운동을 전개하면서 성빈학사, 계명여성사회복지관 등 사회복지기관을 운영하였다. 성경대로만 살았던 아버지의 신앙과 민족주의 신념과 금욕적 수도 생활로 호남 '영맥(靈脈)의 큰 줄기를 이루었던 오방(五放) 최흥종 목사의 신앙, 거기에 일제말기 광주에 와서 목회하다가 별세한 감리교 '자유주의 신학자' 정경옥 교수의 신학에 영향을 받았던 조아라 장로는 1970년대 이후 광주지역 민주화운동을 이끌었고 1980년 광주항쟁 때 현장에서 시민대책위원회를 구성하여 투쟁의 선봉에 섰다. 그 때문에 '광주 진압' 직후 예순 아홉 나이로 구속되어 3년 실형을 선고받고 6개월 만에 형 집행 정지로 풀려났다. 그 이후 (본인은 아주 싫어하지만) '광주의 어머니'란 칭호가 그에게 붙여졌다.(소심당희수기념문집간행위원회, 『소심당 조아라 장로 회수기념문집』, 도시출판 광주, 1989).

조아라가 '선배들의 빚을 갚는 심정'으로 수피아에 마지막으로 해 놓은 '광주 3·1 만세운동 기념동상'이 대강당 앞에 있다. 그는 이때도 건축위원장으로 동창들과 광주 유지들을 만나 건축 기금을 모았다. 1995년 5월 제막된 동상은 화강암 기초석 위에 여학생들이 태극기를 들고 만세 시위를 이끄는 모습을 조각하였다. 기초석

뒷면에는 3·1운동 때 광주 만세운동에 참가했다가 실형을 선고받고 옥고를 치른 수피아 교사 박애순, 진신애와 홍순남, 박영자, 최경애 등 수피아 학생 21명 이름이 새겨져 있다. 이들은 수피아홀 기숙사에서 국장(國葬) 때 입었던 소복을 찢어 태극기를 '한 가마니' 만들었고 그것을 3월 10일 광주천 장터 시위 현장에서 시민들에게 나누어주며 머뭇거리는 남정네들에게 만세를 부르라고 재촉하며 다녔던 '열성분자들'이었다. 한 학교에 다니던 교사, 학생 23명이 한 법정에 선 예는 수피아밖에 없다.

3·1운동 이후 수피아의 저항운동은 광주학생사건과 백청단 사건, 오웬기념각의 '열세 집'과 '반일회' 공연, 폐교를 불사하는 신사참배 거부운동을 거쳐 1980년 광주민주화투쟁 때 격문을 뿌리며 다닌 수피아 학생들의 투쟁으로 이어진다. 당시 교장으로 있던 김오봉 장로의 증언이다.

▲ 광주3·1만세운동 기념동상

"공수부대원들이 수피아 졸업생 언니들을 죽였다는 소문을 듣고 흥분한 우리 학생들도 전교생이 시위에 참가하기로 하였는데 우리 교사들이 반장들을 불러 모아 '참 애국의 길이 무엇인지 생각하라' 고 설득하고 학교 버스로 학생들을 집까지 실어 날라 우리 학생 중에는 희생이 없었어요. 그런디 기숙사에 있던 우리 학생 셋이 "전두환 찢어 죽여라!", "김대중 선생 석방", "국민투표 무효" 등을 적은 삐라를 만들어 밤중에 시내 학생회관에 나가 붙이다가 사복 경찰에게 붙잡혔어요. 경찰은 기숙사를 수색하고 배후 혐의로 교사, 학생 여러 명을 연행해 조사했어요. 당국은 수피아 문을 닫게 하겠다며 세 학생을 퇴학시키라고 했지만 우리는 받아들이지 않았고 당국과 끈질기게 교섭혀서 세 학생 모두 그해 안에 풀려났지요."

3·1운동 80주년을 맞는 1999년 3월 1일, 수피아 저항운동의 역사적 흐름을 온몸으로 살았던 '광주의 어머니' 조아라 장로와 함께 지낸 한나절은 감격과 아픔의 연속이었다. 자식을 보듬어 안는 어머니의 끈질긴 생명력에 대한 감격이요, 자식을 빼앗아 가려는 폭력에 대한 저항의 몸부림과 그로 인한 수난의 아픔이었다. 조아라의 수피아가 바로 양림동 호랑가시나무였다.

뒷이야기

🌀 조아라 선생은 인터뷰 중에도 "매년 이맘때가 되면 온 몸이 쑤신다."면서 수시로 무릎과 어깨를 주물렀다. 일제말기 감옥에서 받은 고문의 후유증 때문이다. 의사가 되어 미국에 살다가 어머니 건강이 좋지 않다는 소식을 듣고 들어와 수발을 하고 있는 둘째 아들은 길어지는 인터뷰를 못내 불안스럽게 지켜보았다. 소심당이 세 번째 끌려갈 때 홍역을 앓았던 '유복자', 바로 그다.

그렇게 고통 중에 '마지막 증언'을 하신 조아라 선생은 이후에도 3년 동안 더 사시며 다양한 사회 활동을 펼치시다가 2003년 7월 별세하여 광주 5·18 묘역에 안장되었다.

무등산 자락의 성자 흔적
– 최흥종과 광주나병원 –

바른 믿음을 가지려 노력하는 이들이 물질과 환경의 여유보다 믿음과 마음의 여유에서 만들어진 문화와 그 유적을 즐겨 찾는 이유가 여기 있습니다. 그런 면에서 전라도는 그런 믿음의 여유에서 나온 유적이 많이 남아 있는 곳입니다. 우선 지리적 환경에서도 전라도 땅은 다른 경상도나 강원도에 비해 훨씬 풍요롭고 여유가 있는 곳입니다. 바다와 강에 물이 풍부하고 너른 평야에 곡식도 잘 자라 다른 지역에 비해 살림살이가 그래도 넉넉한 곳입니다. 그런데 그런 여유 있는 환경이 오히려 전라도 토박이들에겐 고난과 역경의 삶의 원인이 되었습니다. 그 풍요로운 물질을 탈취하고 수탈하려는 권력의 희생자가 된 것입니다. 봉건적 조선시대엔 양반과 중앙정부에서 파견된 탐관오리 때문에, 그리고 일제시대엔 토지를 강탈한 일본인 지주와 총독부의 수탈정책 때문에 남도 땅은 빼앗기고 눌린 사람들의 눈물과 '한'(恨)이 멈출 날이 없었습니다. 특히 조선시대와 한말 정치적 유배지로 알려진 전라남도 땅을 답사하면서 이런 한과 아픔의 흔적들을 쉽게 만날 수 있습니다.

광주 선교와 남도 영성 이야기 #05

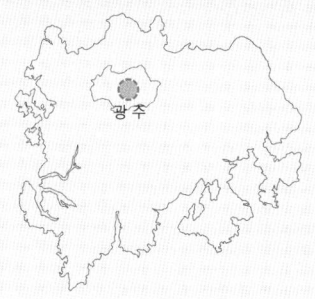

무등산 자락의 성자 흔적
- 최흥종과 광주나병원

양림동 호랑가시나무가 있는 수피아 동산 길 건너편에 광주 기독병원이 있다. 해방 전에 '제중병원'으로 불렸던 선교부 병원이다. 1908년 윌슨이 광주에 와서 병원을 시작한 처음 자리를 90년 넘게 지키고는 있지만 세월 따라 환경이 바뀌어 일제시대 지은 붉은 벽돌 건물은 사라지고 현대식 콘크리트 건물이 들어섰다. 따라서 이곳에서 옛 '제중병원' 흔적을 찾아보기는 어렵고 다만 전해 내려오는 이야기를 통해 이곳에서 일어난 '이웃 사랑'의 감동만 느낄 뿐이다. 그 중에도 오늘의 여천 애양원을 만들어 낸 '선한 사마리아인 이야기'가 사뭇 감동적이다.(C.C. Owen "The Leper and the Good Samaritan", The Missionary, Aug., 1909, 408-409쪽).

광주의 '선한 사마리아인'

1909년 4월, 광주 개척 선교사 오웬이 지방 전도를 나갔다가 폐렴에 걸려 돌아와 사경을 헤매고 있을 때였다. 광주에서 병원을 시작한 지 1년도 안된 윌슨은 오웬의 병세가 위급한 것을 알고 목포에 있던 선배 의사 포사이드에게 전보를 쳤다. 그러나 포사이드가 광주에 도착했을 때엔 이미 오웬은 숨을 거둔 후였다. 그런데 이야기는 여기서 시작된다. 포사이드가 나주 영산포에 내려 말을 타고 광주로 들어오던 중, 길가에서 만난 여자 걸인을 데려온 것이다. 옛날 '문둥병', '나병'으로 불렸던 한센병을 앓은 지 10년 된 고향에서 쫓겨난 거지였다. 포사이드라면 1904년 전주에서 '강도떼'에게 공격을 받아 중상을 입은 '전주 이씨' 양반을 치료하러 갔다가 그 자신도 '강도떼'에게 습격을 당해 위험한 중에도 그들을 위해 기도하는 모습을 보여줌으로 그 집 아들(이보한, 일명 이거두리)이 감동받아 예수를 믿게 만든 그리스도의 화신(化身)이었다.

▲ 포사이드 목사

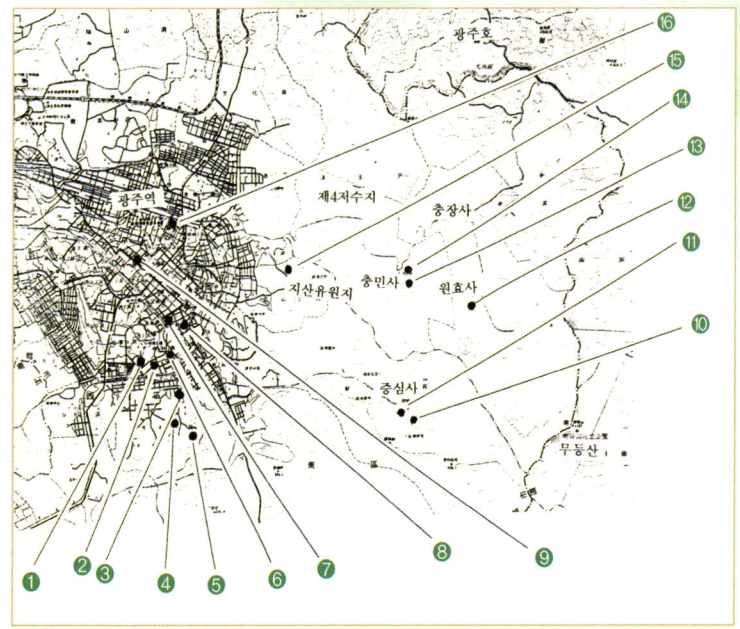

▲ 광주 최흥종 목사의 유적

1.수피아 여학교 2.광주 제중병원(현 기독병원) 3.광주나병원 자리 4.귀일원 5.소화자매원(광주동광원) 6.오웬기념각 7.불로동 8.금정교회(현 광주제일교회) 9.북문밖교회(현 광주중앙교회) 10.삼애원 자리 11.오방정(현 춘설헌) 12.무등원·복음당 자리 13.헬몬 기도원 14.소화자매수녀원 15.송등원 자리 16.경양방죽 자리(현 광주직할시청)

그런 포사이드는 타고 가던 말에서 내려 여인을 태우고 자신은 걸어서 광주까지 갔다. 광주에 도착해서 여인을 병원에 입원시키자 병원에 입원해 있던 다른 환자들이 난리였다. 할 수 없어 포사이드와 윌슨은 벽돌 굽던 가마 굴로 환자를 옮겼다. 여인을 가마로 옮기는 과정에서 그를 만지는 이는 포사이드뿐이었다. 온 몸에서 냄새가 나고 손과 발이 부르터 진물이 흐르는 '문둥병자'를 양복 입은 포사이드는 아무렇지도 않게 안아 옮겼다. 그 광경은 광주 사람들에게 엄청난 충격이었다.

그때 충격을 받은 광주 사람 중에 최흥종(崔興琮, 1880-1966)이 끼어 있었다.(김수진, "사회구원을 외쳤던 최흥종 목사", 『호남선교 100년과 그 사역자들』, 고려글방, 1992, 262-382쪽; 차종순, "최흥종목사", 『호남교회사연구』, 제2집, 호남교회사연구소, 1998). 그는 광주 불로동에서 태어나 '깡패' 소리를 들을 정도로 난봉이었지만 1904년 겨울, 김윤수와 벨 가족이 양림동에 들어왔을 때 친구 최재익과 함께 선교사 집에 들락거리다가 광주 첫 교인이 되었다. 최흥종 목사 말년에 그의 제자가

▲ 최흥종

되어 그와 함께 결핵 환자들을 돌보았던 김준호 선생이 마지막 증인이 되어 최흥종 목사의 삶을 증언하고 있다.

"선교사덜이 광주에 처음 들어왔을 때 가지고 온 축음기가 광주 사람들에겐 최대 관심사였지라. 조그만 상자 안에서 사람의 노래 소리가 나니깐 광주 사람덜이 '상자 속에 사람이 들어 있다.', '아니다. 저렇게 작은 상자에 들어 갈 사람이 있겠는가?' 라고 의견이 둘로 나뉘었지라. 그라자 최흥종이 끼가 발동했넌지 '나가 그것을 확인해 보겄노라' 며 선교사 집에 과감하게 들어가 뿌렸제잉."

최흥종은 교인이 된 후, 목포에서 총순(總巡)을 하다가 올라온 김윤수에게 영향을 받았는지 광주 경무청 순검(巡檢)이 되었다가 화순에서 체포된 의병 12명을 일본군 몰래 풀어 주었고 감옥에 갇힌 의병들을 몰래 놓아주기도 했다. 그러다가 "국채보상운동 전남지회 간판을 떼어오라."는 경무청의 지시를 받고는 순검 옷을 벗었다. 그 후 광주농공은행에 들어갔으나 일년도 못되어 그만두었다. 망국의 한(恨)과 미래가 불안한 20대 후반 청년의 고민이 증폭되던 때에 포사이드를 만났던 것이다.

광주나병원의 최흥종

최흥종은 김윤수와 함께 영산포로 포사이드를 마중 나갔다가 돌아오는 길에 일어난 모든 일들을 목격하였다. 보기만 해도 역겨운 한센병 환자를 안아 말에 태우고 걸어가는 포사이드의 모습은 성경에 나오는 '선한 사마리아인'(눅 10:34)의 모습 그것이었다. 최흥종은 그 '선한 사마리아인'에게 도전을 받았다. 다음은 김준호 선생의 계속되는 증언이다.

▲ 기도하는 최흥종 목사

"포사이드가 나환자를 옮기던 중 환자가 손에 들었던 지팡이를 놓쳤지라. 그런께 포사이드가 두 손으로 환자를 안은 상태에서 곁에 서 있던 최흥종을 보고, '미스터 최, 지팡이 좀 집어 주시오.' 혔다잖소? 그란디 최흥종이 지팡이를 집지 못하고 머뭇거린께 포사이드가 더욱 큰 소리로, '미스터 최, 지팡이!' 혔지만 최흥종은 끝내 지팡이를 집지 못혔다더만. 허지만 그날부터 최흥종의 고민이 시작되었는디, '서양 의사넌 이

역만리 남의 땅에 와서 문둥병자도 자기 자식처럼 돌보는디 나넌 같은 동족이면서도 떨어진 지팡이도 만지지 못혔으니 그러고도 내가 조선 사람이라 허것는가? 세례를 받기는 혔지만 천당 가기넌 아즉 멀었다.' 하는 생각에서 괴로워 혔다더만."

결국 그날 사건으로 최흥종은 삶의 방향을 다시 정했다. 마음의 중생이 이루어진 것이다. 포사이드는 오웬 장례식을 보고 목포로 돌아갔고 벽돌 가마굴에 있던 여인도 얼마 살지 못하고 죽었다. 그러나 "양림동에 있는 서양 사람이 문둥병자를 데려다 치료했다."는 소문이 퍼지면서 광주 인근의 한센병 환자들이 양림동 병원을 찾아왔다. 그리고 최흥종이 그들을 맞아 식구처럼 돌보기 시작했다.

선교사들은 1911년 급한 대로 양림동에 세 칸짜리 초가집 한 채를 마련해 남자 환자 일곱을 수용했다. 이것이 한국 최초 한센병 전문병원인 '광주나병원'의 출발이다. 마침 영국 에딘버러구라협회(Society for Lepers in Edinburgh)에서 2천 달러를 보내 주어 1912년 철길 건너 효천면 벽도리(현 봉선동) 산기슭에 5백여 평 땅을 사서 병원 겸 환자수용소를 지었다. 기금을 보내 준 에딘버러구라협회를 기념하여 건물 모양을 'E자 형태'로 지어 위쪽 건물엔

▲ 봉선동에 있던 광주나병원 남자숙소

남자, 아래쪽 건물엔 여자를 수용하고 가운데 건물엔 시약소와 예배당을 꾸몄다. 환자들의 믿음도 남달랐다. 1919년 이곳에 환자들로만 교회가 설립되었고 세례교인 90명에 장로를 세울 정도였으며 1924년에는 전체 수용자 575명에 세례 교인만 386명에 달했고 이듬해부터 성경학교까지 운영했다.(R.M. Wilson, "Report on Leper Work", The Korea Mission Field, Jun., 1914, 164-165쪽; R.M. Wilson, "Industrial Work in the Kwangju Leper Colony", The Korea Mission Field, Sep., 1921, 131-132쪽; R.M. Wilson, "Kwamgju Leper Colony", The Korea Mission Field, Sep., 1924, 125-126쪽).

▼ 봉선동 광주 나병원 자리

이처럼 광주에 '나병원'이 설립되었다는 소문이 돌자 사방에서 환자들이 몰려들었다. 그러자 광주 사람들이 "광주를 문둥이 소굴로 만들 작정이냐?"며 들고일어났다. 이에 '광주나병원'은 총독부 주선으로 1926년 여천군 율촌면 신풍리 해안 마을에 새로운 터를 잡고 그리로 옮겨갔다. 이것이 오늘까지 이어지고 있는 여수 '애양원'의 출발이다.

이같은 '광주나병원' 초기 역사에 최흥종을 빼놓을 수 없다. 최흥종은 포사이드와의 숙명적 만남을 통해 가슴으로 예수를 믿는 뜨거운 교인이 되었다. 1912년 김윤수와 함께 광주 북문안교회(현 광주제일교회) 초대 장로로 장립되었고 1917년 평양신학교에 입학하고 새로 시작된 북문밖교회(현 광주중앙교회) 전도사가 된 후에도 교회 일 외에는 '광주나병원' 일이 주업이었다. 광주 사람들은 한센병 환자를 업고 광주천을 건너는 그의 모습을 종종 볼 수 있었다. 당시 광주나병원을 방문했던 홍병선이 〈기독신보〉에다, "병원을 쥬관하는 의사는 알 엠 윌손 씨요, 죠션 형데로 이 병원에 단니며 치료를 식히는 이는 최 쟝로 흥죵 씨라."(〈기독신보〉, 1916.1.26)고 쓸 정도였다.

총독부 마당의 '나환자' 시위

그러던 중 3·1운동이 일어났다. 광주에 내려온 〈기독신보〉 주필 김필수로부터 독립운동 소식을 들은 최흥종은 북문안 교인 김 철 등과 협의하여 광주 만세 시위를 준비하도록 하였고 그 자신은 고종 국장(國葬)에 참석키 위해 3월 2일 상경했다. 그리고 3월 5일 오전, 서울 시내 학생들이 전개한 대한문-남대문 만세 시위에 참여하여 인력거를 타고 달리면서 '조선독립'이라 쓴 깃발을 휘두르고 〈신조선신보〉란 제호의 유인물을 뿌렸다. 그는 남대문 시위의 주동자로 체포되어 1년 징역형을 선고받고 1920년 6월 13일 출옥하였다. 광주에 내려온 직후 의사인 동생(최영욱)과 강태성, 서한권, 최윤상, 최순오 등과 함께 광주청년회를, 1922년에는 광주기독교청년회(YMCA)를 창설하고 초대 회장이 되었다.

계속해서 그는 1921년 평양신학교를 졸업하고 전남노회에서 목사 안수를 받은 후 북문밖교회 초대 당회장으로 취임하였다. 그리고 1923년 12월, 총회 파송 시베리아 선교사로 블라디보스토크에 가서 활동하다가 1년 만에 시베리아 정부에 의해 추방당해 광주로 돌아와 서문 밖으로 옮긴 금정교회를 담임하였다. 그러나 1년 만에

▲ 최흥종 목사 흉상
(광주 YWCA 내)

교회를 사임하고 1926년 겨울, 재차 블라디보스토크에 갔다가 6개월 만에 체포되어 추방당했다. 그가 이처럼 집요하게 시베리아를 향했던 것은 1921년 4월 광주에 와서 오웬기념각에서 공연한 블라디보스토크 조선인 학생 음악단 때문이었던 것으로 추정된다. 민족운동가 이 강(李剛)이 인솔했던 공연단을 통해 '공산화' 이후 시베리아 교포들이 겪고 있는 어려운 사정을 전해 듣고 그들을 위로하기 위해 '목숨을 내걸고' 찾아갔던 것이다.

두 차례에 걸친 시베리아 선교 시도가 실패로 끝난 후 제주도 선교사로 가서 1년간 지내다가 광주로 돌아왔고 이후에는 교회보다는 기독교청년회와 사회구제사업에 전념하였다. 그때는 이미 나병원이 여천으로 옮겨간 후였지만 여전히 환자들은 광주의 최흥종 목사를 찾아왔다. 특히 치료를 끝내고도 사회적 냉대로 생

▼ 오방실(광주 YMCA 내)

활 터전을 얻지 못한 환자 가족들이 찾아와 도와 달라고 했다. 그는 서울로 올라가 친분이 있던 윤치호, 조병옥, 송진우, 안재홍, 김병로, 이 인 등과 '조선나환자근절협회'를 만들어 총독부에 지원을 요청하였지만 지도층 인사들의 '점잖은' 요구에 당국은 무관심했다. 이에 최흥종은 방법을 완전히 바꾸기로 했다. 광주로 내려와서 제중병원 간호부장 세핑을 만났다. 세핑(서서평)은 그와 나이가 동갑이었지만 생일이 늦어 깍듯이 '오빠'라고 부르는 사회사업 동지였다.

"나환자들을 끌고 직접 총독부로 쳐들어가서 담판을 지어뿌려야겠소 잉."

그리하여 그 유명한 1932년의 '나환자 행진'이 이루어졌다. 광주에서 열 하룻길을 걸어서 갔는데 처음 출발할 때는 백 오십명 정도였던 것이 소문을 듣고 따라나선 환자들로 서울에 도착할 때는 사백 명에 이르렀다. 이들 앞을 막는 사람은 아무도 없었다. 경찰도 이들을 보면 도망쳤다. '모세가 홍해 바닷물 가르듯' 길이 절로 열렸다. 최흥종 목사는 총독부 안까지 들어가 우가끼 총독을 만나 소록도에 있는 자혜원을 갱생원으로 대폭 확장해주겠다는 약속을 받아낼 수 있었다.

광주에 내려오니 이번에는 양동 큰 장터에 있던 빈민촌 움막들이 철거되어 2백여 명되는 걸인들이 거리로 쫓겨나 있었다. 이에 그는 경양방죽가(현 광주시청 자리)에 움막을 만들어 걸인들을 수용하고 계유구락부를 조직해서 광주 유지들에게 모금하고 광주중앙교회(북문밖교회) 교인들과 기독교 청년회 회원들을 시켜 하루 한 끼씩 먹이기 시작했다. 걸인들은 그를 "아버지"라고 불렀다.

경양방죽의 '최 목사네 잔치' 소문이 퍼지면서 멀리 화순, 담양에서도 걸인들이 몰려들었다. 그러자 광주 사람들이 "광주를 거렁뱅이 소굴로 만들 작정이냐?"며 또 들고일어났다. 노회나 광주 교인들 중에도 최 목사의 '걸인 목회'를 이해하지 못하고 비난하는 자들이 늘어났다. 가족들도 더 이상 그에게 기대를 걸지 않았다. 결국 그는 스스로 떠나듯 가족과 제도권 교회에서 추방당했다.

증심사 골짜기 오방정

 이 무렵 최흥종은 '도암(道岩)의 성자'로 불리던 이세종을 만나고 있었다. 이세종은 철저하게 자기를 부인하려는 뜻에서 이름도 '빌' 공자를 붙여 '이 공'(李空)이라 바꾸고 성경 외에는 읽는 것이 없었으며 성경을 유일한 행동 지침으로 삼고 살아서 주변에서 '기인'(奇人), '도인'(道人) 칭호를 받고 있었다. 그가 수도하던 화학산 산당(山堂)에는 제자 이현필, 이상복, 박복만, 이대영, 오복희, 수레기 어머니 등이 있었고 목회자로는 최흥종과 그의 사위 강순명, 그리고 백영흠, 이만식, 최원갑 등이 성경 공부를 하기 위해 모였다. 성경을 바탕으로 금욕 생활, 절대 청빈, 생명 경외, 탁발 수행을 실천하는 이들의 신앙은 한국 토착적 수도운동의 원류로서 그 의미가 크다.

이 운동에 접목되어서 그랬든지, 아니면 그 스스로 깨달음을 얻어 그랬든지 1935년 이후 최흥종의 삶은 '기행'(奇行)의 연속이었다. 서울에 올라가 친구인 세브란스병원의 오긍선 박사를 찾아가 거세 수술을 받고 내려와 친지들에겐 "1935년 3월 17일 이후, 나 오방 최흥종은 죽은 사람임을 알리는 바입니다. 인간 최흥종은 이

▲ 춘설헌

미 죽은 사람이므로 차후에 거리에서 나를 만나거든 아는 체를 말아 주시기 바라오."라는 내용의 〈사망통지서〉를 발송했다. 그는 오방(五放)이란 호를 사용하였는데 이는 1) 가사(家事)로부터 방만(放漫), 2) 사회로부터 방일(放逸), 3)경제로부터 방종(放縱), 4) 정치로부터 방기(放棄), 5) 종교로부터 방랑(放浪)한다는 뜻이었다. 한마디로 '모든 것으로부터 자유'였다. 그것은 곧 정욕, 명예욕, 물질욕, 권력욕, 종교욕으로부터 해방을 의미했다. 그는 한 평 정도 되는 널빤지에 다리를 붙이고 사방을 종이 문짝으로 막고 지붕을 해덮고 그 안에서 잠을 잤다. 최흥종은 구약의 법궤 같기도 하고 조선의 가마 같기도 한 수레를 '유산각'(遊山閣)이라 이름하고 이리 저리 끌고 다니며 소요유(逍遙遊)하였다.

그러다가 해방되기 1년 전쯤 무등산 증심사(證心寺) 골짜기에 들어가 그곳에서 그림 그리며 마음을 닦고 있던 의재(毅齋) 허백련과 친구가 되어 함께 지냈다. 광주 부자 최원순이 요양을 하려고 지어놓았던 '석아정'(石啞亭)을 그 후손이 같은 집안의 최 목사에게 주었는데 이를 '오방정'(五放亭)이라 하고 의재와 함께 살았다. 오방은 의재에게 성경을 강의하고 의재는 오방에게 도덕경을 강의하며 지냈다. 화엄경도 함께 읽었다. 오방이 이 무렵 지은 것으로 보이는 〈도가〉(道歌)다.

"蒼蒼之天 澔澔之極 日月星辰 无非行道 諸般庶物 出自是道
道是人格 人格是道 道是救主 救主是道 再臨審判 歡迎之道
何東何西 無南无北 春夏秋冬 代謝自道 道是上帝 上帝是道
人是耶蘇 耶蘇是道 仰膽信賴 十字架道 宇宙改造 安然之道
塊圠無際 都是空色 是有主宰 其名曰道 道是生命 生命是道
道是聖神 聖神是道 赦免罪過 得救之道 新天新地 逍遙之道
紛藝事物 還堤寒宿 無中生有 太初有道 道是眞光 眞光是道
道是眞理 眞理是道 時空无盡 永生之道 萬能萬權 耶蘇之道"

풀이하면 이렇다.

"푸르고 푸른 하늘이여 그 끝이 넓고 넓도다. 해와 달과 별들이 그 도에서 어긋남이 없으니 세상 모든 만물이 이 도에서 비롯되었도다.

도가 사람됨이여 사람됨이 곧 도로다. 도가 구주되심이여 구주가 곧 도로다. 다시 오셔서 심판하시리니 그 도를 반기리로다.

어디가 동쪽이고 어디가 서쪽인가 남북이 구별 없도다. 봄 여름 가을 겨울이 번갈아 이 도에서 나오는도다. 도가 하느님 되심이여 하느님이 곧 도로다.

사람이 되사 예수라 하시니 예수가 곧 도로다. 우러러 보며 믿을진저 십자가의 도로다. 우주를 개조하시니 모든 것이 제자리를 찾도다.

편하고도 편하도다 모든 것을 비우고 채우도다. 이가 곧 주재이시니 이름하여 도라 하도다. 도가 생명이시니 생명이 곧 도로다.

도가 성신이시니 성신이 곧 도로다. 죄와 허물을 사하시고 구원하시는 도로다. 새 하늘과 새 땅에서 누리며 사는 도로다.

사물을 제 자리에 놓으시고 하늘 울타리를 두르시도다. 없음 가운데 생기셨으니 태초에 도가 있었도다. 도는 참 빛이시니 참 빛이 곧 도로다.

도는 진리이시니 진리가 곧 도로다. 시간과 공간에 다함없으니 영생의 도로다. 능력과 권능이 충만하시니 예수의 도로다."

▲ 춘설원 장지문에 붙어있는 허백련의 사군자 그림

의재와 오방이 침식을 같이 하며 도를 닦던 오방정은 6·25전쟁 중에 없어졌고 오방은 그 땅을 의재에게 주었다. 의재는 그곳에 '춘설헌'(春雪軒)을 짓고 살면서 '남도 화풍' 제자들을 길러 냈다. 광주시 문화재로 지정된 춘설헌은 열 평 규모의 단층집으로 내부는 일본식 다다미 방으로 되어 있다. 아랫방과 윗방 사이 미닫이문에는 의재가 심심풀이로 그렸던 사군자 그림들이 붙어 있었는데 이미 여러 장이 예리한 칼로 오려져 사라진 것이 '문화재 도둑'들이 다녀간 흔적이 역력했다. 윗방 벽엔 말년의 의재 부부가 찍은 사진이 걸려 있는데 의재 부인은 독실한 기독교인이었다고 한다. 사진 아래로 의재가 보았던 책들이 꽂혀 있는 책장이 있었는데 그 꼭대기엔 오방과 함께 읽었을 두꺼운 성경책이 놓여 있었다.

원효사 골짜기 복음당

오방정에서 해방을 맞은 최흥종은 광주 사람들에게 끌려 내려가 전남 건국준비위원회 위원장, 미군정 도정 고문 등을 잠시 맡은 적이 있었지만 그의 관심은 여전히 걸인들과 환자들에게 있었다. 해방 직후 정치 혼란과 전쟁을 겪은 후 보호해 줄 곳이 없어진 음성 한센병환자들을 끌고 나주 삼포로 가서 자활촌 호혜원(互惠園)을 만들었고 허백련과 함께 증심사 계곡 월롱촌에 '삼애원'(三愛園)을 만들어 '농사꾼'을 기르기도 했으며 무등산에 결핵요양소 송등원(松燈園)과 무등원(無等園)을 만들었다.

한센병과 마찬가지로 결핵도 사회적인 기피대상이었다. 광주에서 결핵환자들을 치료해 주는 곳은 광주기독병원밖에 없었다. 마침 1947년 내한해서 목포를 거쳐 1958년 광주에 온 코딩턴(H.A. Codington, 고허번)은 포사이드나 윌슨에 못지않은 자애로운

▲ 송등원 자리를 안내한 김준호(왼쪽)와 윤명로

의사였다. 그는 가난한 환자들을 무료로 진료해 주었고 갈 곳이 없는 환자들의 생활 대책까지 마련해 주었다. 그 때문에 병원은 매년 적자를 냈고 남장로회 선교부에서는 몇 차례 그를 경질하려 하였다. 그때마다 최흥종이 나서 막았다. 광주기독병원에서 치료받다가 가망이 없어 퇴원한 환자들은 무등산으로 최흥종 목사를 찾아갔다. 최흥종은 그런 그들을 위해 원효사 골짜기에 무등원(여자)을, 지산유원지 골짜기에 송등원(남자)을 마련해 주었다. 말이 요양소지 움막 같은 토담집이었다. 해방 직후 이현필을 따라 광주에 와서 송등원, 무등원 총무 일을 보았던 김준호의 증언이다.

"이곳은 환자들이 마지막으로 죽으러 들어오는 곳이었지라. 그들끼리 서로 가래를 닦아주면서 누가 죽으면 밤중에 곡도 하지 못하고 평장으로 집 마당에 묻었지라. 행여나 결핵환자들이 사는 것이 드러나면 주민들이 가만있지 않을 것이기 때문에 이들은 울음을 삼키며 동료 장례식을 치렀지라. 이런 곳을 최 목사님께서 마지막으로 살 곳으로 택하신 것이지라."

최흥종은 무등원 안에 '복음당'(福音堂)이란 열 평 정도 되는 토담집을 짓고 결핵환자들을 상대로 성경을 가르치며 주일마다 환자들을 모아 놓고 예배를 드렸다. 이곳은 본래 원효사(元曉寺) 경내

였는데 최흥종이란 이름이 지닌 위력 때문에 절 안에 교회가 들어서는 것을 보고도 어쩔 수 없었다. 이로써 한국에서 유일한 '절 안 교회'가 서게 되었다. 광주 송등원에 들어왔다가 1963년 부활주일에 최흥종 목사에게 세례를 받았던 윤명로(尹明老)가 당시 복음당 예배 장면을 증언한다.

"목사님이 사시던 방에서 그냥 예배를 드렸는디 목사님은 상을 놓고 앉아서 말씀을 가르치셨지요. 그런디 한 번은 원효사 절에서 쫓겨난 중 한 사람이 갈 곳이 없다면서 우리헌티 왔는디 그 중도 우리가 예배를 드리넌 주일이면 복음당 안에 들어와 저 뒤쪽에서 벽을 바라보고 목탁을 뚜드리며 염불을 외웠어요. 그래도 목사님께선 아무 말씀도 허시지 않구 예배를 인도하셨어요."

환자들의 타령 같은 찬송 소리와 중의 목탁 소리가 한데 어우러지는 복음당 예배가 상상된다.

단식으로 마친 생애

그런 식으로 최흥종은 버림받아 마지막을 사는 사람들과

함께 지나다가 "이제 살만큼 살았다."고 여겨 1964년 12월 30일 한국교회를 향한 경고를 담은 유언장을 발송한 후 1966년 2월 10일부터 단식에 들어갔다. 단식 기간 중 그는 성경과 도덕경만 읽었다. 무등산 단식은 30일이 넘게 계속되었다. 그 소식을 들은 이문환, 조아라, 이영생, 백영흠 등 제자들이 올라와 만류하며 산을 내려가자 하였지만 요지부동이었다. 조아라의 증언이다.

"그때 아드님이신 최득은 씨는 시내에서 오두막이란 음식점을 허고 있었는디 아드님은 아드님대로 집안을 돌보지 않은 아버지가 섭섭혀서 교회도 안나가고 있었습니다. 제자들이 '돌아가시드라도 아드님 댁에서 돌아가셔야 하지 않겠느냐.' 하면 '여그가 내 집인디 어디를 가!' 라며 움직이시지 않았지요. 그때 이문환 씨가, '아버

▲ 운구

▲ 오방의 장례식 인파

님, 가시더라도 아드님은 전도하고 가셔야죠. 아드님이 예수 믿고 구원받아야 하지 않겠어요?' 했더니 그제야, '그럼, 가자.' 하고 내려 오시기로 하셨지요."

집으로 내려온 후에도 그의 단식은 계속되었다.

"선상님을 어렵사리 집으로 모신 후에 내친 김에 단식도 중단시켜 드려야겠다는 생각에서 '선상님, 떡 좀 사올까요?' 라고 여쭸어요. 평소에 떡을 참 좋아하셨지라. 혔더니 선상님께서 선뜻, '그래 좀 사오라' 허시는 게요. 우리는 을매나 기뼛는지 시장에 달려가서 종류대로 떡을 사다가 선상님 앞에 펼쳐 놓았지라. 그라자 선상님께서 우릴 보고 '너희부텀 먹어라.' 허시지라? 그래서 떡을 묵었는디 선상님은 영 드시질 않는게라. 그래서 우리가 '선상님, 좀 드시지라.' 혔더니 선상님 말씀이, '난 너희가 먹넌 걸 보면 배가 불러.' 하시며 빙긋이 웃으시넌 거에요. 우리가 진게라."

가정을 돌보지 않던 아버지에 대한 반감에서 "아버지가 버린 다섯 가지에다 하나를 더 취하겠다."는 뜻으로 호를 '육취'(六取)라 했던 아들은 집으로 돌아와서도 단식을 계속하는 아버지를 별로 반기지 않았다. 아버지도 아들에게 말을 건네지 않았다. 결국 최흥종은 단식 '95일' 만에 1966년 5월 14일 조용히 세상을 떠났다. 광주공원에서 광주사회장으로 엄수된 그의 장례식에는 무등산에서 내려온 결핵환자들과 나주에서 올라온 음성 한센병 환자 수백 명이 몰려 와, "아버지!"를 외치며 통곡하였다. 그들이 사실상 장례를 이끌어가는 상주들이었다. 상여 뒤를 따르며 그 광경을 묵묵히 지켜 본 아들은 비로소 무겁게 입을 열었다.

"이제야 아버님을 조금 알 것 같습니다."

오방이 떠난 후 무등산은 방패막이 없어진 벌판 같았다. 광주시에서는 무등산 여기저기에 저수지를 만들고는 "수원지를 오염시킨다."며 결핵환자들을 내몰았다. 복음당을 지키고 있던 김준호는 무등원에 남아 있던 여자 환자들을 챙겨 충민사 골짜기로 들어가 소화자매원(小花姉妹園)을 세웠다가 거기서도 쫓겨나 봉선동 산골짜기로 옮겼다. 그곳은 최흥종이 '광주나병원' 시절 한센병 환자들을 데리고 살던 곳이자 최흥종에게 '신앙 기행'(信仰奇行)의 동기를 제공했던 이세종의 제자 이현필과 그의 제자들이 '동광원'(東光園)이란 수도 공동체를 시작한 곳이었다.

무등원이 떠나고 난 원효사 골짜기 복음당 건물은 가축 키우는 사람이 사서 축사로 사용하다가 떠난 후 방치되어 지금은 폭격 맞은 건물처럼 을씨년스럽기만 하다.

뒷이야기

1999년 4월, 동광원의 김준호 선생과 함께 무등산에 남아 있는 최흥종 목사의 흔적을 답사하는 중에 광주문화방송의 다큐멘터리 〈광주 인물전〉 제작팀을 만났다. 방송국에서도 최흥종 목사의 생애를 중심으로 한 시간짜리 프로를 만들면서 김준호 선생을 집중 인터뷰하고 있었다. 광주 사람들에게 최흥종은 교회 목사이기 전에 소외당하고 버림받은 환자와 거지들의 아버지로 인식되고 있었다. 제도권 교회에서는 그가 말년에 보여준 '기행'(奇行) 때문에 이단 취급을 하였지만 오히려 일반 사회에서는 그를 '광주를 빛낸 위인'으로 인식하고 있다.

광주 공동묘지에 있던 그의 무덤은 그가 1990년 독립유공자 표창(애족장)을 받으면서 대전 국립묘지로 옮겨졌다.

호남 '영맥'의 뿌리를 찾아서
– 화순 이세종과 이현필의 동광원 흔적 –

바른 믿음을 가지려 노력하는 이들이 물질과 환경의 여유보다 믿음과 마음의 여유에서 만들어진 문화와 그 유적을 즐겨 찾는 이유가 여기 있습니다. 그런 면에서 전라도는 그런 믿음의 여유에서 나온 유적이 많이 남아 있는 곳입니다. 우선 지리적 환경에서도 전라도 땅은 다른 경상도나 강원도에 비해 훨씬 풍요롭고 여유가 있는 곳입니다. 바다와 강에 물이 풍부하고 너른 평야에 곡식도 잘 자라 다른 지역에 비해 살림살이가 그래도 넉넉한 곳입니다. 그런데 그런 여유 있는 환경이 오히려 전라도 토박이들에겐 고난과 역경의 삶의 원인이 되었습니다. 그 풍요로운 물질을 탈취하고 수탈하려는 권력의 희생자가 될 것입니다. 봉건적 조선시대엔 양반과 중앙정부에서 파견된 탐관오리 때문에, 그리고 일제시대엔 토지를 강탈한 일본인 지주와 총독부의 수탈정책 때문에 남도 땅은 빼앗기고 눌린 사람들의 눈물과 '한(恨)'이 멈출 날이 없었습니다. 특히 조선시대와 한말 정치적 유배지로 알려진 전라남도 땅을 답사하면서 이런 한과 아픔의 흔적들을 쉽게 만날 수 있습니다.

전라남도에서 찾아보기!

광주 선교와 남도 영성 이야기 #06

호남 '영맥'의 뿌리를 찾아서
- 화순 이세종과 이현필의 동광원 흔적

평생을 기독교청년회(YMCA) 운동에 투신하였고 '20세기 종로의 성자'라는 칭호를 받았던 현동완(玄東完, 1899-1963)은 일제말기 탄압을 피해 함경도 산골로 피했다가 해방 후 서울로 올라와 기독교청년회 총무가 되어 청년회 재건 일을 맡아보는 중 정인세(鄭寅世, 1909-1991)를 만났다. 정인세는 1920년대 학생시절 기독교청년회 평화구락부에서 그의 지도를 받던 제자였다. 유도를 잘했던 정인세는 평양장로회신학교에 다니다가 중단하고 '친구 따라' 광주에 내려갔다가 최흥종 목사가 설립한 광주 기독교청년회 총무로 일하였는데 그도 역시 일제말기 탄압을 피해 강원도 산골로 피신했다가 해방이 되자 서울로 올라와 현동완을 만난 것이다.

현동완은 혼돈이 더해 가는 정치·사회·종교적 상황에서 '성인'(聖人)을 찾아 구하고 있었다. 그는 이미 일제시대 때부터 '성인 사적'을 찾아 여러 차례 외국 여행을 하였고 국내에서도 종교를 초월하여 '성자' 혹은 '도인' 칭호를 받는 사람이 있다면 백두산이든, 금강산이든 찾아 다녔다.
"외국엔 성인도 많은데 한국엔 한 명도 없단 말인가?"
이런 그에게 정인세가 귀띔했다.
"전라도 화순 땅에 성자로 불리는 분이 있습니다."

동광원의 뿌리를 찾아서

◎◎ 정인세가 현동완에게 소개한 인물이 바로 '도암의 성자'로 불리던 이세종(李世種, 1880-1942)이었다. 현동완은 곧바로 이세종의 고향 화순군 도암면 등광리를 찾았으나 이미 그는 세상을 뜬 후였고 다만 이현필(李鉉弼, 1913-1964)을 비롯한 그의 제자들이 여기저기서 수도하는 모습을 보며 그의 '성인적 삶'의 흔적을 느낄 수 있었다. 현동완은 이세종을 만나 보지 못한 아쉬움 속에 서울로 올라와 "이세종을 기념하는 일에 쓰라."며 그 동안 부부가 함께 모아 둔 '십일조'를 광주로 내려보냈다.
헌금을 전달받은 정인세, 최흥종, 이현필 등은 그 돈으로 방림동

▲ 귀일원

(지금은 봉선동) 132번지, 일제시대 최흥종 목사가 광주나병원 환자들을 돌보던 동네 맞은편, '밤나무밭' 언덕에 조그만 예배당을 지었다. 노회 소속도 없는 교회였다. 그곳에 교인 대신 갈 곳이 없는 거지나 고아, 연고 없는 노인들이 하나 둘 찾아들었다. 특히 '여순반란사건' 이후 부모를 잃은 고아들이 몰려들었다. 예배당은 자연스럽게 '고아원'이 되었고 정인세는 본의 아니게 고아원 원장이 되었다. 고아원을 할 것인가, 말 것인가 고민하던 정인세에게 당시 화순 화학산에서 수도 중이던 이현필이 말씀을 적어 보냈다.

"하나님 아버지 앞에서 정결하고 더러움이 없는 경건은 곧 고아와 과부를 그 환난 중에서 돌보고 또 자기를 지켜 세속에 물들지 아니하는 그 것이니라"(야고보 1장 27절).

그것은 무언의 허락이자, 장차 이곳에서 시작될 새로운 운동의 정신을 요약한 것이었다. '고아와 과부를 돌보는' 육체적인 일(善行)은 정인세 몫이었고 '세속에 물들지 많고 자기를 지키는' 정신적인 일(修道)은 이현필 몫이었다. 나이는 정인세가 이현필보다 네 살 위였지만 정인세는 그를 '선생'으로 여겼다. 정인세는 동광원 (東光園)이란 간판을 내걸고 본격적으로 고아들을 받아들이기 시작했다. 이현필은 화순과 남원에서 그 동안 훈련시켜 두었던 수녀들과 제자들을 광주로 보내 고아들을 돌보게 했다. 수녀들은 '예수 정신'으로 고아들을 돌보았다. 이렇게 해서 순결과 노동, 수도와 선행이 조화를 이룬 '한국 개신교 토착 수도공동체' 동광원이 시작되었다. 따라서 동광원은 밖에서 보면 사회사업 단체처럼 보이지만 안에서 보면 '순결 신앙인'들의 수도단체다(광주 동광원은 1954년 정부 조치에 의해 폐쇄되었다가 1965년 다시 '귀일원'(歸一園)이란 이름으로 법인을 설립, 사업을 재개하여 오늘에 이르고 있다).

▲ 이세종과 이현필 유적지

동광원 운동의 뿌리를 찾는 일이 쉽지는 않다. '동광원'이란 간판을 처음 내건 곳은 광주지만 이현필은 광주로 나오기 전 이미 도암 '청소골'에서 고아들을 데려다 키운 적이 있었다. 그렇지만 동광원 운동에서 고아원은 수도 생활의 외피(外皮)이므로 그것을 수도운동의 출발로 볼 수는 없다. 그런 의미에서 이현필이 '득도'한 후 처음으로(1948년 9월 1일) 제자들을 모아 성경을 가르쳤던 남원 지리산 골짜기 '서리내'를 동광원 운동의 발상지라 볼 수도 있고 거슬러 올라가 일제말기 그가 '독수도'하며 지냈던 도암의 화학산 각시바위, 문바위, 소반바위 일대를 뿌리로 볼 수도 있다. 아예 "주님과 똑같았던 이세종 님", 곧 이현필이 본받고자 했던 스승 이세종의 득도와 수도 현장인 동광리를 동광원 운동의 보다 깊은 뿌리로 볼 수도 있다.

사정이 이러하니 동광원 운동의 흐름과 흔적을 추적하는 답사가 쉽지는 않다. 무엇보다 이 운동의 핵심인 이세종, 이현필 자신은 물론이고 그 제자들까지도 자신에 관한 기록을 남기지 않았기 때문이다. 증언 자료도 얻기 어렵다. 이세종의 직계 제자는 남은 사람이 없고, 이현필의 '남반' 제자로 오북환, 김준호, 한영우, 오세휘, 복태경, 윤명로 등 대여섯 명과 '여반' 제자로 김금남, 김춘일,

김은자, 복은순 등 20여 명의 수녀들이 있지만 이들은 한사코 "하나님만 아시면 됐지." 하는 식으로 외인들과 대화를 꺼려한다. 다행히 엄두섭 목사와 이현필의 제자들이 쓴 책들이 있어 두 '성인'과 동광원 운동의 흐름을 파악하는 데 도움을 주고 있다. (엄두섭 목사의 저술로는 『호세아를 닮은 성자: 도암의 성자 이세종 일대기』(은성 1987), 『맨발의 성자: 한국의 성 후란시스 이현필 전』(선경도서출판사, 1987)을 비롯하여 『순결의 길, 초월의 길: 이현필 소전·문집·필담·일기』(은성, 1993)이 있고 이현필의 제자인 김준호의 신앙 수련기 『수련의 고백』(교회교육연구원, 1985), 정인세의 설교·수상록 『님께로 가는 길』(혜성사, 1998) 등이 있다).

도장리 '고멜'의 무덤

도암으로 가려면 전에는 광주에서 화순과 능주를 거쳐 돌아가야 했지만 지금은 칠구터널이 뚫려 곧바로 도곡온천을 거쳐 도암으로 갈 수 있다. 가는 길에 '천불 천탑'으로 유명한 운주사에 들러 남도 민중들의 한과 익살이 어우러진 미륵불들을 보고 가는 것도 좋다. 평리뜰을 지나 도암면으로 들어서면 도장리 마을이 나오는데 이곳에는 이세종의 부인 '한골 어머니' 문순희와 이현필의 부인 황홍윤의 쌍 무덤이 있다. 이들은 '성자' 남편을 둔 때문에 '악처' 역할을 해야 했다.

'한골 어머니'는 열네 살 때 열여섯 살 위였던 이세종과 결혼하였으나 아이를 낳지 못하였다. 남편은 '득도' 한 후 이름을 '이 공'(李空)으로 바꾼 후 재산을 팔아 가난한 사람들에게 나누어 준 후 성경 공부와 제자 교육에만 전념하였다. 남편이 집안 살림을 돌보지 않는 것은 그래도 참을 수 있었으나 자신을 '아내가 아닌 누이'로 여기고 합방(合房)을 거부하는 것만은 견딜 수 없었다. 결국 그는 두 번 가출해서 다른 남자와 살림을 차렸고 그 때문에 남편은

▲ 도장리 이세중 부인과 이현필 부인의 무덤, 정월순, 정원례 할머니의 문중 묘지에 모셨다.

'호세아'가 되었고 자신은 '고멜'이 되었다. 그러나 말년에 이르러 남편 곁으로 돌아와 남편의 마지막 3년 산중 생활을 수발하였고 남편이 죽은 후 남편 무덤 곁에서 '3년 시묘(侍墓)'를 한 후 등광리 집에서 혼자 살다가 병들어 눕게 되자 도장리 정월순 집으로 옮겨져 요양하다가 1971년 77세로 별세했다.

이현필의 부인도 '한골 어머니'에 뒤질 것이 없었다.

"이현필 선생님이 결혼을 허니께 이세종 선상님이 을매나 실망이 크셨는지 이현필 선상님 부부가 찾아뵙고 인사를 혀도 인사는커녕 뒤도 돌아보지 않고 '으쩌것소? 함께 살게 되앗으니 남매로 여기고 사시오.' 했다더만요. 이현필 선상님은 스승의 '순결' 가르침을 지키지 못헌 죄책감에 평생 괴로워 허셨지라."

이현필은 결혼 직후 아내의 낙태 수술을 계기로 스승처럼 아내를 '누이'로 대접하기 시작했다. 광주 백영흠 목사의 처제이기도 한 부인도 '한골 어머니'처럼 '득도'한 남편이 잠자리를 피할 뿐 아니라 거지와 고아들을 끌고 다니면서 집안 살림을 돌보지 않자 남편에 대한 원망으로 가득 찼다. 한 때는 '칼을 품속에 숨기고' 다니며 남편을 살해할 기회를 노릴 정도로 남편을 미워하였다. 그 역시 집을 나가 개가하였고 경찰에 투신, 간부까지 지냈지만 노년에

▲ 이세중 부인과 이현필 부인의 마지막을 돌보아준 정월순, 정월례 자매

병이 들어 도장리로 들어와 '한골 어머니' 무덤이 마주 보이는 정월례 집에서 3년간 기도하며 살다가 1998년 82세로 별세하여 '한골 어머니' 옆에 묻혔다.

이들 두 '어머니'를 모시며 병치레를 한 도장리 정월순(78세), 정월례(74세) 자매는 이세종이나 이현필을 만난 적이 없었지만 건너 마을 동두산교회의 송동근으로부터 이세종 이야기를 듣고는 '이 공님의 예수'를 믿기 시작했다. 이들 자매는 제자의 도리로 두 '어머니' 병시중을 들었다.

"딴 뜻은 읍서라. 이 공님언 못뵈앗서도, 이현필 선생님언 못뵈앗서도, 그 사모님이라도 뫼셔야 쓰것다 생각혀서 모신 것이지라."

중촌 마을의 '참 예수꾼'

도장리에서 남쪽으로 4킬로미터 정도 내려가면 도암면 사무소가 있고 그 안쪽으로 이현필이 출생한 용하리(권동) 마을이 보인다. 그러나 거기엔 아무런 흔적도 없다. 단지 태어난 곳일 뿐이다. 이현필이 성장하고 기독교 신앙을 접한 곳은 거기서 남쪽으로

▲ 이현필 선생의 중촌리 생가

▲ 동광원 화순 분원

10리 떨어진 중촌(中村) 마을이다. 용하리에서 용강리를 거쳐 왼쪽으로 돌면 '중장터'에 이른다. 옛날 운주사 중들이 장을 보던 곳이라 해서 붙여진 이름이다. 중장터를 지나 동광원 화순 분원이 있는 '호암 2구'를 찾아가던 중 팔십이 넘은 노인에게 길을 물으며 호기심으로 "이현필 선생님을 아시는지?" 물었다.

"하먼, 참 예수꾼이었지라."

대답은 의외로 간단했다. 알고 보니 노인은 이세종과 이현필 이야기에 '영웅적 여제자'로 나오는 '수레기 어머니'(손임순)의 조카 선귀진(82세)이었다. 자신은 교회엔 나가지 않고 있지만 '수레기 어머니'가 믿었던 하나님은 믿고 있다고 했다. 이곳 도암에서는 이런 '교회 나가지 않는 교인'들을 쉽게 만날 수 있다. 도장리 정월순 남매한테서 들은 "우린 이 공님 예수를 믿지라."는 말도 뒤집으면 "우린 기성 교회엔 다니지 않습니다."는 말이다. 외지 사람이 이곳에 교회가 없는 것을 보고 들어와 전도를 할라치면, 되레 주민들로부터 "당신도 예수를 믿으려면 이현필 선상님이나 이세종 선상님 맹키로 믿어야 쓸 것이여."라며 통박을 맞기 십상이다.

'호암 2구' 중촌 마을은 30호쯤 되는 작은 마을로 변두리 쪽에 평범한 단층집이 보이는데 동광원 화순 분원이다. 칠십이 넘었는데도 밭일을 나가는 김춘일 수녀가 반갑다는 것인지, 귀찮다는 것인지 알 수 없는 말로 손님을 맞았다.

"우리넌 숨어살러 여그 왔는디 으째서 자꾸만 찾아오시넌지 모르겠네요 잉. 다만 사부님께서 돌아가시기 전에 우리헌티 '지금은 이곳이 보잘 것 없는 산골 작은 동네지만 머잖어 선남선녀들이 구름 떼처럼 찾아올 것잉께 그리 아시오.' 하신 말씀이 생각나네요."

김춘일 수녀는 장로교 목사 딸이었지만 어려서부터 '동정 수도'를 꿈꾸다 1953년 동광원에 들어와 이제는 동광원의 '큰언니' 역할을 하고 있다.

"도시에 살다 보니 육체적

▲ 동광원. 이국자, 김춘일, 이영선, 하절자 언님들

으로 정신적으로 피폐되어 이세종 선생님 묘소나 찾아뵙고 그분 득도하신 곳이나 구경할까 해서 왔습니다."

나그네의 말에 그는 한영우 집사를 소개했다. 그는 이현필 전기에서 '셋째'로 나오는 인물의 주인공인데, 고아 출신으로 남의 집 머슴 일을 하다가 역시 1953년 '청소골' 고아원 일을 도우러 도암에 들어와 이현필을 만나 그의 제자가 되었다. 그는 이현필의 생애 말년에 병약해진 그를 업고 다니며 온갖 심부름을 하였는데 그 때문에 '이현필 자가용'이란 별명이 붙었다. 광주와 함평에서 거지들을 데리고 살기도 했고 서울에서 넝마주이를 하면서 수도 생활을 하다가 지금은 칠십이 넘었는데도 '하루에 한 끼, 그것도 생식을 하면서' 화순에서 동광원 수녀들의 농사짓는 일을 도와주고 있다. 한 집사는 농사 일로 한창 바쁠 때인데도 낫을 들고 앞장선다. 마침 등광리교회 정칠영 목사와 등광리 교인 손종림 권사(78세)와 정옥순 집사(76세)가 동행하겠다고 내려왔다. 두 노인이 이세종을 직접 뵌 적이 있다는 말에 반가웠다.

"이세종 선생님 모습이 어떠했습니까?"

"저기 저 선상 맹키로 아담허니 홀쭉하고 약해 보였제."

두 노인은 광주에서부터 답사에 동행한 한규무 교수(광주대학교)

를 가리켰다.

한새골 산막터

이세종의 무덤이 있는 화학산(華鶴山) '한새골'을 찾아가는 길은 지금도 험했다. 소방도로가 있어 옛날보다 나아지긴 했으나 여전히 굴곡이 심한 가파른 산길을 30분 이상 올라가서야 '가마터재'를 넘을 수 있었다. 재를 넘어 신기 쪽으로 가다가 도중에 차에서 내려 이세종과 이현필이 수도했던 소반바위, 각시바위를 먼눈으로 둘러보며 한새골 골짜기로 들어섰다. 이세종은 득도한

▲ 이세종이 마지막 살았던 한세골

후, 등광리에서 제자들을 가르치다가 일제말기 신사참배 문제가 심각해지자 이곳 한새골로 들어와 3년 동안 산막에서 살았다.

"선상님 생각에 '순사들이 이곳 시골까지 찾아와 나에게 신사 참배를 시킬 것은 분명허고, 나가 그것을 거부할 것 또한 분명허고, 순사들이 그런 나를 잡아다 고문하고 죽일지도 모를 일이니 어찌 그들로 하여금 죄를 짓게 하랴? 차라리 그들이 찾을 수 없는 산 속으로 들어가리라.' 허시면서 피하신 게라."

산으로 들어온 후에는 세수도 목욕도 하지 않았고 '벽곡'(辟穀, 먹지 않고도 살 수 있다는 도교 수양법)에 가까운 금식 수도생활을 하면서 산 속까지 따라온 이현필, 이상복, 박복만, 오복희, 수레기 어머니 등 제자들에게 성경을 가르쳤다. 그렇게 3년 동안 마지막 혼을 기울여 제자들을 가르친 후 죽기 사흘 전 자기가 묻힐 곳을 지정한 후, 제자들을 시켜 나뭇가지로 발을 엮어 자신의 상여를 직접 만들게 하고 "좋은 옷 입혀 땅에 썩히면 죄가 되오. 나의 떨어진 헌 옷을 벗기고 새 옷을 입히는 자는 화를 받소."라고 하여 자기 시신에 수의(壽衣)를 입히지 못하도록 분부하였다. 제자들은 그의 지시대로 산막 옆에 무덤을 만들고 '헌 옷' 그대로 입혀 평토장으로 장사를 치렀다. 1942년 음력 2월 추운 날이었다.

20년 전만 해도 이곳에 농사짓는 사람들이 집을 짓고 살았지만 지금은 집 한 채 없이 버섯 하는 사람들이 베어 놓은 목재들만 여기저기 쌓여 있을 뿐이다. 지난 비에 숲은 더욱 울창해졌고 버섯 하는 사람들이 이리 저리 길을 내는 바람에 지형이 달라져서 그런지 한영우 집사는 결국 이세종 무덤을 찾는 데 실패했고 우리 일행은 3시간 동안 숲 속을 방황하다가 돌아 내려올 수밖에 없었다. 무덤을 보지 못해 아쉬웠지만 나무 가지에 옷과 손등을 찢기며 골짜기를 헤매면서 이세종과 그의 제자들이 하였을 수도 생활의 일면을 맛본 것으로 자위하고 산을 내려왔다.

돌아 나오는 길에 '솟재'(牛峙) 고개에 올라 바라보니 오른쪽 산골짜기로 '문바위'(文岩)와 '박적골', '도구박골'이 보였다. 이현필과 그의 제자들이 수도한 곳이자 6·25 때 5개월 동안 1백여 동광원 식구들과 유화례 선교사 일행이 피난했던 곳이다. 특히 도구박골에서는 전쟁 말기에 화학산을 근거로 활동하던 '빨치

▲ 이공 이세종 묘소

▲ 이세종 묘를 찾은 동광교회 정칠용 목사와 이사무엘 장로

산' 들에게 '문 공', '서울 어머니', '강차남' 등 세 식구가 희생당하기도 했다. 도구박골 너머 멀리 가파른 삼각산이 보인다. 바로 이세종이 득도한 등광리 천태산이다.

등광리 이세종 생가

다시 중촌으로 나와 용하리로 올라가다 지월리에서 오른쪽 오르막길로 들어가면 제법 큰 저수지를 지나 등광리(登光里) 마을이 나온다. 마을 뒤편으로 삼각형 가파른 산이 양쪽에 있는데 지도상에는 왼쪽이 천태산(天台山), 오른쪽이 개천산(開天山)으로 표기되어 있다(마을 사람들은 오히려 오른쪽 산을 천태산이라 부른다). 등광리는 골짜기를 중심으로 천태산 쪽 마을을 양짓말, 개천산 쪽 마을을 음짓말이라 하는데 이세종의 생가는 음짓말에 있다. 마을 입구에 5백년은 넘었을 느티나무 고목을 지나 도랑 오른쪽으로 세 번째, 슬레이트 지붕을 올린 낡고 작은 집이 보인다. 담도 없고 별채도 없는 세 칸짜리 토담집인데 사는 사람도 없고 회를 바르지 않은 벽에 여기 저기 흙이 떨어져 나가 흉가 분위기다. 이세종이 득도하기 전에 살던 집이자 그의 부인 '한골 어머니' 가 '3년 시

▲ 멀리서 본 등광리

▲ 등광리 이세종 생가

묘'를 치른 후 산에서 내려와 30년 동안 살던 집이다. 툇마루에 앉으니 밤마다 베개를 들고 마루를 건너 방을 옮겨 다니며 숨바꼭질했을 이세종 부부 모습이 떠올라 웃음이 났다.

이세종 생가 왼쪽 언덕 위로 등광교회(예장 대신측) 블록 예배당이 보인다. 본래 이곳엔 교회가 없었지만 20년쯤 전에 '수레기 어머니'의 아들 이원희 장로가 지었다. 그 동안 목회자가 없다가 1999년 초에 정칠영 목사가 부임했다.

▲ 등광교회

"처음 제가 이 곳에 오겠다고 하니까 이원희 장로님이 '오시지 않는 것이 좋것는디…. 우리넌 가난혀서 목사님 생활비두 제대루 드릴수 읍어라.' 하시며 탐탁치 않게 여기는 눈치였어요."

목사 부임을 만류한 것이 과연 '생활비' 때문만이었을까? 등광리 교인들은 이미 오래전부터 '목사 없이' 신앙생활을 하는 데 익숙한 사람들이었다. 교회엔 다니지 않았지만 '이 공의 예수'를 믿어 왔던 이들에게 신학교 나온 목사들의 목회가 익숙지 않았을 것이다.

천태산 유산각

교회에서 개천산(천태산)으로 3백 미터쯤 올라가면 역시 이원희 장로가 1981년 지은 단층 기도원 건물이 나온다. 길 쪽에서 보면 콘크리트 건물인데 반대쪽에서 보면 자연석을 쌓아 놓은 움막 같다. 돈이 생길 때마다 조금씩 늘려 지은 흔적들이다. 기도원 쪽방에 '천태수양원'이란 자그만 간판이 붙어 있다. 이세종이 별세한 후 그의 제자 김광석과 이상복이 40년 넘게 기도하면서 지킨 곳이다. 기도원 위쪽으로 풀이 무성한 공터가 있는데 바로 이세종이 득도한 산당(山堂) 터다.

"본시 가난헌 집에서 태어나 남의 집 머슴을 살다가 결혼하구부텀 악착같이 돈을 모아 십년새 등광리 제일 부자가 되앗는디 나이 사십이 되앗서도 자식이 읍응께 무당을 데려다 굿을 허는디 무당이 자식을 얻고잡으면 불당을 짓구 정성을 드레야 헌다면서 명당자리를 찾아 여기저기 다니다가 여그 와서 업드러지면서 '여그다 당을 지으라.' 헷다는 것이제."

이세종은 무당이 시키는 대로 지하방까지 갖춘 2층짜리 산당을 짓고 몸을 씻기 위한 연못까지 팠다. 거기서 하루 열두 상 차리는 제사를 지내며 기도하던 중 우연히 성경을 얻어 읽다가 그것이 '생명의 말씀'인 것을 깨닫고 제구를 치우고는 말씀 공부에 들어갔다(성경은 산당을 지은 목수가 놓고 갔다는 설도 있고 나주에서 이사 온 교인이 있어 그에게 빌려 읽었다는 설도 있다). 이후 그는 산당에서 본격적인 '독수도'(獨修道)에 들어갔다. 성경 외에 다른 책은 읽지 않았으며 깨달은대로 실천하였다. 그는 '득도'한 후 "모든 것을 비운다."는 뜻에서 이름을 '공'(空, 0)으로 바꾸었다. 그는 제자들을 부를 때도 "문 공", "이 공", "박 공"하고 불렀다.

"이곳에 와서 '이 공', '박 공' 하길래 처음엔 유교 선비들이 서로 높여 부르는 '벼슬' 공(公) 자로 생각했어요. 그런데 알고 보니 그 반대로 자기를 낮추는 '비울' 공이더군요."

어디 정칠영 목사의 오해뿐이겠는가? 득도한 이세종의 행위는 이해하기 어려운 부분이 많았다. 그는 우선 자기 재산을 다 팔아 가난한 사람들에게 나누어 주었고 나머지는 교회에 기부했다. 생명을 아끼는 마음에서 육류는 물론 생선도 먹지 않았으며 빈대나 파리도 죽이지 않았다. 개미 같은 곤충이 행여나 자신도 모르게 신발에 깔려 죽을까봐 맨발로 다녔다. 그는 특히 남녀간에 순결을 강조했는데 자신도 '득도' 한 후에는 아내를 '누이' 로 대하고 성생활을 중단했다.

그렇다고 '자기 독선'에 사로잡혀 제도권 교회를 비난하거나 왕래를 금한 것은 아니다. 그는 종종 광주나 목포에 나가 사경회에 참석했고 선교사들과도 가까이 지냈다. 그는 광주에서 내려온 낙스(R. Knox, 노라복) 목사에게 세례를 받았는데 이때 제자 이

▲ 천태산 수양관. 이곳에서 이세중의 제자 김광석과 이상복이 수도했다. 이곳을 이세중 기념관으로 명명하였다.

상복도 함께 세례를 받았다. 등광리로 시집와 살던 '수레기 어머니'와 광주 이일학교 출신으로 전도부인을 하던 오복희도 등광리에 들어왔다가 그의 제자가 되었다. 가끔 방산교회에 나갔는데 거기서 대를 이을 제자 이현필을 만났다. 그는 '유산각'(遊山閣)으로 이름을 바꾼 산당에서 제자들에게 성경을 가르쳤다. 소문이 나자 광주에서 최흥종을 비롯하여 강순명, 백영흠, 이만식, 최원갑 등 목사·전도사들이 와서 성경을 배웠다. 제자들은 종종 방 안에서 "아하, 그렇군요. 그게 그런 거군요." 라는 소리가 들려 이세종이 마치 다른 선생에게 배우는 것 같아 문을 열고 보면 그 혼자 성경을 펴 놓고 고개를 끄덕이고 있는 모습을 보곤 했다. 그는 성경을 가르치면서, "훗날 그런 말씀 어디서 받았느냐고 묻거든 나에게 들었다 하들 말고 천태산 바위 틈에서 들었다 허시오." 라고 하여 '이세종파'가 만들어지지 않도록 경계하였다.

이세종은 죽기 전에 주변 사람들에게 "나 같은 사람 또 하나 나올 거요." 라고 하

▲ 이세종이 득도했던 유산각 터

였다. 동광원 사람들은 이현필이 그 예언을 이루었다고 믿고 있다. 이세종이 죽은 후, 이현필은 스승이 한 그대로 화학산에서 초인적인 수도생활을 시작하였고 역시 '득도' 한 후 스승과 같은 순결, 청빈, 순종의 삶을 살았다. 성경과 묵상, 기도와 노동, 가난과 고난, 자비와 겸손을 실천한 그는 스승보다 더 많은 제자를 얻었고 이들을 중심으로 화순 뿐 아니라 남원, 진도, 전주, 곡성, 광주, 벽제 등지에 동광원이란 '수도 공동체'가 만들어졌다. 이는 외국의 수도단체나 교회의 공적인 조직과 연계되어 만들어진 것이 아닌, 토착적이고 자생적인 수도단체라는 점에서 중요한 의미를 지닌다.

"알고 보면 여그가 동광원 운동의 원뿌리인 셈이지라."

이세종이 득도하고 처음으로 제자를 길러 냈던 이 자리가 동광원 뿐 아니라 한국 기독교 토착 수도운동의 발상지라 할 수 있다. 유산각이 있던 자리는 지금 산당도 허물어 없어졌고 연못도 메워져 잡풀만 무성하다. 다만 이세종이 만든 것으로 보이는 물받이 대롱만 남아 있다. 나무가 썩어 형태만 남았지만 아직도 바위틈에서 흘러나오는 물을 받아 내고 있어 두 손으로 물을 받아 마시니 하루 피곤이 순간적으로 사라진다.

"방문하신 기념으로 이것이라도 가지고 가시지요."

어느 틈인가 정칠영 목사가 바위 틈 사이에서 자라는 야생난 한 묶음을 캐 왔다. 서울로 돌아와 화분에 나눠 심은 후 내 식으로 이름을 지어 붙였다. '이공란'(李空蘭)이라고.

뒷이야기

◎ 사실, 호남지역 선교 답사를 시작하면서 처음부터 느낀 것 중의 하나가 "이곳엔 뭔가 범상치 않은 맥이 있다."는 점이었다. 전라북도에서 처음 시작할 때 전주에서 '이거두리'를 만나고, 그 후 곳곳에서 배은희 목사와 강순명 목사가 이끌던 '독신전도단' 흔적을 발견하면서 한국 특유의 신앙 유산들이 퍼져 있음을 느낄 수 있었고 결정적으로 전라남도 광주에 들어와 최흥종의 이야기를 듣는 순간, 고구마 줄기 같은 거대한 '영맥'(靈脈)이 도도하게 흐르고 있음을 발견했다. 그것은 거슬러 올라가면 정인세, 유영모, 이현필, 이세종에 이르는 토착 영성운동 흐름과 연결되고 흘러 내려오면 강순명, 백영흠, 조아라, 여성숙, 이준묵 등에 이르는 경건과 실천 목회, 그리고 '개신교 수도공동체인' 디아코니아회 운동으로 이어진다.

최흥종-이현필-이세종으로 연결되는 '영맥' 이야기는 수년 전 목포에 사셨던 형님(이현주 목사)으로부터 들은 바 있었고 엄두섭 목사의 저술을 통해서도 알고 있었다. 흥미는 가지고 있었지만 막상 광주에 도착해서 최흥종을 통해 '영맥'의 실체를 접하는 순간 두려움이 앞섰다. 1, 2년 가지고는 그 윤곽도 파악할 수 없는 거대한 '영맥'이었다. 원고지 40매짜리 잡지 연재물로는 도저히 다룰 수 없는 주제였다. 그래서 이 맥을 가급적 건드리지 않고 피하며 다녔다. '수술하려고 환자 배를 열어 보았다가 너무 엄청나 도저히 자신이 없어 도로 덮어버린 의사' 같은 심정이었다. 그러나 피해서 가는 곳마다 그곳엔 최흥종과 동광원의 영맥에 뿌리를 둔 나무들이 있었다. 광주제일교회와 중앙교회는 물론이고 광주나병원 이야기를 하며 최흥종을 건드리지 않을 수 없었고 전설적인 여선교사 서서평과 유화례를 말하면서 이현필의 동광원을 피할 수 없었다.

결국, 최흥종과 동광원으로 이루어지는 '호남 영맥'을 피하고는 이 지역 기독교 이야기가 불가능한 것을 깨닫게 되었다. 그렇게 해서 우선 "한국교회에 이런 흐름도 있다."는 것을 알리는 계몽적 수준에서 이세종과 이현필의 출생과 득도 현장인 화순군 도암면 화학산, 천태산 일대를 답사하고 쓴 것이 이 글이다. 말 그대로 '맛보기' 수준이다. 이 글이 동광원으로 표출된 '토착 영맥'의 진의를 훼손하지나 않았을까 걱정이다. 후에 시간적, 정신적 여유가 생기면 한 3, 4년 쯤 그들 속에 들어가 함께 생활하면서 그들 내면의 깊숙한 이야기를 듣고 제대로 한 번 쓰고 싶다. 하긴 지금이라도 내게 걸려 있는 모든 걸 훌훌 털어버리고 이세종과 이현필의 신앙 세계로 들어가고픈 욕망이 내 안에 전혀 없는 것은 아니다.

한국 기독교 문화유산을 찾아서 ❻

광주 선교와 남도 영성 이야기

초판인쇄	2008년 10월 24일
초판발행	2008년 10월 28일

지은이　이덕주

발행인　박경진
펴낸곳　도서출판 진흥

출판등록　1992년 5월 2일 제 5-311호

주소　(130-812)서울특별시 동대문구 신설동 104-8
전화　영업부 2230-5114, 편집부 2230-5155
팩스　영업부 2230-5115, 편집부 2230-5156

전자우편　publ@jh1004.com
홈페이지　www.jh1004.com

ISBN 978-89-8114-315-3
값 9,000원